Helmut Bauer

Predigten durch das Kirchenjahr "Wenn Gott einen nicht mehr loslässt"

Helmut Bauer

Predigten durch das Kirchenjahr "Wenn Gott einen nicht mehr loslässt"

"Wenn Gott einen nicht mehr loslässt" - Predigten, Ansprachen und Gedanken zum Kirchenjahr

Fromm Verlag

Imprint
Any brand names and product names mentioned in this book are subject to trademark, brand or patent protection and are trademarks or registered trademarks of their respective holders. The use of brand names, product names, common names, trade names, product descriptions etc. even without a particular marking in this work is in no way to be construed to mean that such names may be regarded as unrestricted in respect of trademark and brand protection legislation and could thus be used by anyone.

Publisher:
Fromm Verlag
is a trademark of
International Book Market Service Ltd., member of OmniScriptum Publishing Group
17 Meldrum Street, Beau Bassin 71504, Mauritius

Printed at: see last page
ISBN: 978-620-2-44123-0

Wenn Gott einen nicht mehr loslässt – Predigten und Gedanken durch das Kirchenjahr

Inhaltsverzeichnis

I. Erster Adventsonntag (Mk 13, 24-37) - Verunsicherungen

Adventlich gestimmt?

Wie wir Advent im christlichen Sinn wirklich zu verstehen haben, wird uns im Evangelium gesagt. Vermutlich werden wir das auch nicht allzu freudig zur Kenntnis nehmen, wenn da im Markusevangelium die Rede von der großen Not, vom Verfinstern der Sonne, von Angst einflößenden Himmelserscheinungen ist. Advent: Zeit der Bedrängnis und der Unsicherheit, der Umbrüche, der Ungewissheit? Mit dem wiederholten Ausspruch „seid wachsam" wird diese Beschreibung noch verschärft! Jesus selbst spricht das in der Vorahnung dessen, was auf ihn sehr bald zukommen wird! Am Ölberg stehend betrachten er und seine Jünger die Heilige Stadt Jerusalem. Im Blickpunkt der großartige, scheinbar unzerstörbare Tempel der Heiligen Stadt - Garant und Stein gewordenes Symbol der Gegenwart Gottes inmitten seines auserwählten Volkes. Er wird zerstört und auch das Leben des Messias wird ein gewaltsames Ende nehmen. Ein ziemlich bedrohlicher Gewitterhimmel zu Beginn des Advents.

Im christlichen Advent geht's demnach in erster Linie nicht um Stimmung und Gefühl – es geht ums nüchterne, wache Betrachten des Daseins in einer bestimmten Haltung. Mit dieser erstaunlichen Feststellung müssen wir uns auch der ersten Lesung nähern. Ganz unfromm, geradezu frech und empörend erscheinen uns diese Prophetenworte aus dem Buch Jesaja. Im Gebet wendet sich ein offensichtlich verzweifelter Mensch an seinen Schöpfer. „Warum lässt du uns, Herr, von deinen Wegen abirren und machst unser Herz hart, so dass wir dich nicht mehr fürchten? Kehr um, kehr zurück.... Reiß doch die Himmel auf, und komm herab, so dass die Berge zittern vor dir" (vgl. Jes 63,17-19).

Allerhand! Gott wird kritisiert, er sei nicht unschuldig, wenn die Menschen nicht an ihn glauben, wenn sie Wegen gehen, die nicht die seinen sind. Er hätte doch andere Möglichkeiten, uns auf einen guten Weg zu führen.

Warum tut Gott nichts, so fragt der Autor in diesem Abschnitt des Jesaja-Buches, um diesem Schlamassel ein Ende zu bereiten? Israel saß tatsächlich in der Bredouille, als der Text verfasst wurde: Der Tempel war zerstört, das Land verwüstet, die Menschen im Exil in Babylon. Sind die Gläubigen von ihrem Gott und allen guten Geistern verlassen worden? Wie kann der gläubige Israelit das später so genannte babylonische Exil einordnen? Was bewirkt die Katastrophe in ihrem Glauben?

Ist das nicht eine moderne Frage? Warum macht er es uns so schwer, warum verbirgt sich Gott, so dass wir ihn nur so schwer erkennen? Ist nicht der verborgene Gott, der „Deus absconditus“, ein Argument des Atheismus? Wo ist Gott bei all dem Leid, der Misere, dem Zustand der Welt? Müsste er nicht endlich handeln? Gibt es ihn überhaupt? Müsste er sich nicht endlich offenbaren, aus seinem Versteck hervortreten, dass es keinen Zweifel geben kann über ihn und über seinen Willen und seine Existenz? Nur zu verständlich ist das berühmte Wort, das Friedrich Spee, ein berühmter Jesuit der Barockzeit, zu einem der bekanntesten Adventlieder veranlasst hat. „Reiß doch den Himmel auf und komm herab…“ (vgl. Gotteslob Nr. 231). Er formuliert es inmitten des Dreißigjährigen Krieges, der mit Gewalt und Tod ganz Europa verwüstet hat. In der Finsternis ruft der Beter nach einer Sonne, nach einem Stern, der die Wege ausleuchtet, um in ein Land der Hoffnung zu gelangen. Es ist der Schrei nach dem Kommen des Messias. Das ist Advent! Nicht von Gott lassen, seine Nähe, sein Wort erbitten, erflehen. Er möge uns ein kleines Fenster des Himmels aufmachen, hereinschauen in diese Welt, die vielfach so lebt, als gäbe es keinen Gott. „Ich habe noch keinen Gott erfahren“ – so sagen manche Zeitgenossen.

Aber Gott ist immer am Werk. Sicher nicht so, dass wir es auch immer so auf Anhieb erkennen können oder erkennen wollen. Israel erlebt nicht nur die babylonische Gefangenschaft, denn der „Ich-bin-da-Gott“ führt in die Freiheit, führt ins Leben. Nicht auf unsern Befehl hin, sondern wenn ER es an der Zeit sieht, wenn die Zeit erfüllt ist. Auch in der Katastrophe, vor der Jesus Angst hat, wird er letztlich nicht steckenbleiben. In Jesus, dem Gott mit uns, dem Immanuel, das glauben wir, ist der Himmel geöffnet worden! Auch in den Ängsten unserer Zeit und in meinem Leben braucht es solche Fenster zum Himmel. In diesen Tagen des Advents könnten wir erkennen, dass wir die eigenen Fenster öffnen müssten, die Fenster des Herzens, die mich tiefer blicken lassen, anderes erkennen lassen als Vordergründiges.

„O Heiland reiß die Himmel auf…!“ Ja, sicher - aber auch: Herr reiß unser Herz auf! Mache unser verkrustetes Inneres weich. Öffne uns für deine Gegenwart in den Zeichen der Zeit, meinem Alltag, in den täglichen Begegnungen. Der Himmel ist nicht weit. Ich wünsche uns die nötige Wachsamkeit, offene Sinne und das beharrliche Gebet um das Kommen Gottes in die Welt und in unser Leben. In diesem Sinne: einen achtsamen und wachsamen Advent!

II. Zweiter Adventsonntag (Mt 3,1-12) - Innehalten

„Halt ein, wo läufst du hin?“ - Dieses Wort von Angelus Silesius, dem schlesischen Dichter, eigentlich Johann Scheffler, schon 300 Jahre alt, ist mehr denn je aktuell. Halt ein! Viele Menschen laufen, rennen in diesen geschäftigen Tagen des Advents wie in einer Art Torschlusspanik, als gäbe es nach Weihnachten keine Zeit mehr, nichts mehr zu kaufen. Freilich freuen sich alle, die im Weihnachtsgeschäft den Umsatz des Jahres wittern und sicher geht einigen im Handel dieser Wunsch auch in diesem Jahr in Erfüllung. Aber Hand aufs Herz – wir lassen uns da auch ganz schön treiben! Laufen, Hetzen, Besorgen, niemanden und nichts vergessen wollen für das Fest der Feste.

Wo bleibt da die eigentliche Adventszeit, die innere Erneuerung und Ausrichtung auf die Hoffnung und die Freude des Glaubens? Ist das noch ein Thema für die Adventszeit? Deswegen gilt die Mahnung des „Schlesischen Engels" auch mir! „Halt ein, wo läufst du hin?" Dieses Wort der Bestimmung und Besinnung des Standortes betrifft wohl unser menschliches Leben überhaupt. Wo läuft der Mensch, die Menschheit hin? Eine brisante Frage angesichts Umweltzerstörung, knapper werdender Ressourcen, einer Überalterung der Gesellschaft. Jede zweite Frau, jeder dritte Mann wird in Zukunft bei uns an Demenz erkranken! Wie sollen und können wir die vielen Migranten integrieren? Rivalitäten zwischen Staaten und Religionen. Bioethik und Genetik – alles Stichworte, die je riesige Problemfelder aufzeigen! „Halt ein – wo läufst du hin?"

Johannes der Täufer, Prophet des Advents, ein unbequemer Mahner, damals wie heute, ruft seinerseits zum Innehalten und zu Umkehr in drastischen Worten auf! Es ist Endzeit, möglicherweise also nicht mehr viel Zeit. Das bezieht er auch auf sich selbst, denn seine Zeit geht dem Ende entgegen. Er ist der Vorläufer, der Eigentliche kommt noch. Ob Johannes dabei auch sein gewaltsames Lebensschicksal drohend auf sich zukommen sieht? Herodes muss handeln, um diesen Aufrührer, den Kritiker von Gesellschaft und Macht los zu werden. Auch das gehört zu Wahrheit: Niemand will gerne umkehren. Die Einsicht, den falschen Weg gewählt zu haben, dass nichts weitergeht, wird nur widerwillig oder gar nicht akzeptiert – dafür steht Herodes.

Als Gott, so eine erzählt eine chassidische Weisheit, seine Schöpfung vorbedachte und sie vor sich auf einen Stein ritzte, wie ein Baumeister sich den Grundriss zeichnet, sah er , dass die Welt keinen Bestand haben würde: Da erschuf er die Umkehr: Nun hatte die Welt Bestand.

Eine Welt, die nicht bereit ist umzukehren, ist verloren! Darum ist die Umkehr keine Schande, kein Panne, sondern ein göttliches Geschenk. Die Umkehr führt zu mehr Leben, zu intensiverem Leben, weil sie von der Auffassung befreien kann, in Leistung und Konsum die höchsten Werte des Lebens zu sehen! Halt ein Mensch, sonst verrennst du dich, halt ein Menschheit, sonst wird bald nichts mehr gehen. Umkehr von der Vorstellung Gewalt, Macht und Druck seien Lösungen bei Problemen. Umkehr von der Meinung, der Mensch ist nur etwas wert, wenn Leistung und Nutzen bringe. Umkehr in der Missachtung und Zerstörung der Schöpfung. Der Advent ist deshalb wie ein Stopp-Schild und Wegweiser zugleich: Umkehr zum Leben! Umkehr vor allem zu ihm, auf den Johannes der Täufer verweist: Jesus Christus, die Wahrheit, die Fülle des Lebens, dies sollte das Ziel unseres ganz persönlichen Advents werden. Überall, wo wir aufmerksam sind, wo wir hinhören, wo wir uns Zeit lassen zum Schauen, zum Beten, zum Nachdenken, können wir IHM, dem kommenden und gegenwärtigen Herrn begegnen. Eine gute Übung für den Advent: Halt einfach öfters mal an!

III. Dritter Adventsonntag (Lk 3,10-18) – Was ist zu tun?

Wenn Kinder nicht mehr weiter wissen, überfordert sind, Angst haben, oder von andern bedroht werden, laufen sie zu Mutter oder Vater, um sich Hilfe und Trost zu holen. In schwierigen, unübersichtlichen Zeit mit uferlosen Problemen: Stichwort Finanzen, Firmeninsolvenzen, Frieden, Umweltproblemen – schauen wir nach denen, die es richten sollen. Lichtgestalten, Staatenlenker, Visionäre, starke Männer und Frauen, die alle Schwierigkeiten der Welt lösen sollen. Notgedrungen werden wir Menschen enttäuscht, und die mutmaßlichen Retter der Welt überfordert. Erwartungsgemäß zeigte sich das vor Jahren etwa im Friedensnobelpreisträger und damaligen Präsidenten der Vereinigten Staaten, Barak Obama. Selbst ein so vermeintlich Mächtiger ist nicht allmächtig, allwissend, oder ein Zauberkünstler. Er hat in seiner eindrucksvollen Dankesrede treffend darauf verwiesen, wie viele andere doch des Preises würdiger wären, jene, die tagtäglich in oft widrigen Umständen durch Versöhnung, Gesten und Hilfe, dem Frieden eine Chance geben. Jeder muss an seiner Stelle das je seine leisten. In der Religion gilt dasselbe! Glauben, hoffen und lieben müssen wir schon selbst, das kann uns niemand abnehmen! Folgerichtig erweist sich auch die Fragestellung der Menschen damals am Jordan zu Zeiten Johannes des Täufers. Dreimal von je drei unterschiedlichen Personengruppen wird die Frage gestellt: was also müssen wir tun?

Johannes nennt drei wesentliche Haltungen und Handlungen: das eigene Hab- und Gut mit den Ärmeren teilen, keinen Geld- und Zinswucher treiben, keinen Menschen schlecht behandeln. Wir könnten uns vorstellen, was er heutigen Branchenvertretern, Finanzleuten, Konzernchefs sagen würde. Falls jene überhaupt auf die Idee gekommen wären, die Frage zu stellen – was sollen wir tun? Was dürfen wir nicht tun? Aber auch wir kommen heute nicht ganz ungeschoren davon: Was soll ich tun?

Welche blinden Flecke gibt es bei mir? Wo braucht es Vergebung, Versöhnung? Von welchen Fehlhaltungen müsste ich mich befreien lassen, um nicht wie Spreu zugrunde zu gehen, sondern als Weizenkorn Frucht zu tragen und Anlass zur Freude geben? Eine adventliche Anfrage!

IV. Weihnachten (Joh 1,1-18) – Wort, das unterwegs ist

„Erleben Sie romantische Weihnachten!" – so ein Werbeslogan in der Tourismusbranche. Keine Spur allerdings von Krippenromantik bei der Weihnachtsmesse am heutigen Weihnachtstag. Abgesehen davon, dass der Begriff Romantik im Zusammenhang mit der göttlichen Geburt des Erlösers deplatziert ist, erscheinen die Worte aus dem Johannesprolog doch sehr feierlich, philosophisch und im Vergleich zum Lukasevangelium geradezu nüchtern. Keine Rede ist vom Kind und von der Mutter, den Hirten und Schafen und vom Gesang der Engel! Dennoch gibt es bei genauerem Hinsehen viel Gemeinsames zwischen Lukas und dem berühmten Johannesprolog. Vom Licht wird gesprochen, das in der Finsternis leuchtet, von der Herrlichkeit Gottes, im fleischgewordenen Wort sichtbar, und er spricht von dem Herrn, der in sein Eigentum kommt, aber nicht akzeptiert wurde.

Wird da nicht trotz der großen und bedeutungsschweren Worte der Stall von Bethlehem sichtbar, weil in seiner Stadt und im Haus kein Platz für ihn war? Während Lukas die Umstände und handelnden Personen erzählt, erzählt Johannes, der Adler, vom Geheimnis Gottes her und zeigt von Ostern her die ganze Dramatik des fleischgewordenen Gotteswortes, von Eintritt in diese Welt bis zu seinem Ende, gleichsam wie in einer Ouvertüre. Der alten Kirche war dieses Evangelium so wichtig, dass der Prolog am Ende jeder Messe verkündet wurde: „In principium erat verbum, et verbum caro factum est" - „Im Anfang war das Wort, und das Wort wurde Fleisch" (vgl. Joh 1,1-18).

Das Wort Gottes ist in unser Fleisch gekommen, ist einer von uns geworden und hat unter uns gewohnt (eigentlich „gezeltet"). Gott wird Mensch! Gott hat sich mit dem Menschen so untrennbar vereinigt, dass dieser Mensch wirklich Gott von Gott, Licht vom Lichte ist und wahrer Mensch bleibt. Logos kann ja nicht nur „Wort" sondern auch „Sinn" bedeuten. Der Sinn ist also Fleisch geworden. Dieser Sinn ist uns zugewandt, er hat sich gezeigt in der Weise einer Person - im Sohn, der im Stall zu Bethlehem geboren wurde. Aber der Sinn, der Logos, drängt sich nicht auf! Das ist nicht die Art Gottes! Er wird verkündet – damals von den Engeln - von den Evangelisten, von der Kirche –, aber was dann noch notwendig ist, muss von uns geschehen. Wir müssen uns anrühren und betreffen lassen vom Sinn.

„Das Wort Gottes kommt in die Stadt" – so nannte Fridolin Stier, Alttestamentler und Orientalist in Tübingen, eine Geschichte in seinen Tagebuchaufzeichnungen. Es heißt darin: „Plötzlich war das Gerücht da, lief durch die Stadt, wollte nicht mehr verstummen. Die Kirchenblätter warnten: Niemand lasse sich täuschen – das Wort Gottes kann gar nicht kommen – es ist schon gekommen - vorzeiten! Das Wort Gottes lässt sich aber nicht aufhalten, es besucht Menschen – am Ende auch einen Theologen. Der wundert sich darüber. Denn er hat ja schließlich ein ganzes Buch über das Wort Gottes geschrieben: fehlt da was? Fragt er vorsichtshalber. Nichts als das Wichtigste: Ich, meinte das Wort Gottes: Ich selbst bin nicht drin. An sie selbst lassen sie mich nicht heran. Und gerade auf sie habe ich es abgesehen. Sie sprechen über mich, ich aber, ich, Gottes Wort, ich spreche mit ihnen, ich spreche mich in sie hinein, dazu bin ich gekommen" (Fridolin Stier).

Da Wort Gottes ist nicht von gestern oder das, vor 2000 Jahren! Es ist jetzt gegenwärtig und spricht uns alle an! Es spricht mich an! „Erwache o

Mensch“ sagt der Hl. Augustinus, erwache, „denn Gott möchte in dir geboren werden“. Es darf nicht einfach in ein paar Tagen mit der Weihnachtsdekoration ad acta gelegt werden!

V. Heiliger Stephanus (26.12.) – in der Spannung

Ich sehe den Himmel offen und den Menschensohn zur Rechten Gottes stehen“ (Apg 7,56).

An Weihnachten dürfen wir den offenen Himmel feiern. Der unendliche transzendente Gott ist uns unendlich nahe gekommen, hat somit den bleiernen Himmel aufgerissen, ist selbst einer von uns geworden. Menschsein heißt sich freuen können, Lust am Leben zu haben - aber auch: Leid, Tod, Ungereimtheiten, Mühsal des Alltags. Gerade an Weihnachten spüren viele den Verlust eines lieben Menschen, mit dem sie im letzten Jahr noch das emotionalste Fest des Kirchenjahres feierten. Die Freude über das Kind in der Krippe und die Geschichte des ersten Märtyrers der Kirche, des heiligen Diakons Stephanus, bilden somit erst die ganze Dimension von Weihnachten ab. Als Glaubende leben wir auch in dieser Spannung.

In der berühmten Wieskirche bei Steingaden im Pfaffenwinkel, einem Juwel des bayerischen Rokoko, Weltkulturgut der UNESCO, wird dieser spannende Zusammenhang im Bühnenbilde des Hochaltars geradezu plastisch. Denn die ganze sonnendurchflutete Pracht des Rokokobaus der Brüder Zimmermann ist ja allein dazu da, dem gegeißelten Heiland, dem Gnadenbild, eine würdige Gehäuse zu bilden. Aber größer könnte der Gegensatz nicht sein. Denn da ist die aus Versatzstücken ungelenk zusammengebastelte Jesus- Figur, an einer Säule festgebunden, bäuerlich derb, im 18. Jahrhundert verächtlich als Krempel einem Bauern abgebeben – und dann die grandiose Architektur. Erst als die Figur der Überlieferung zufolge Tränen weinte, wurde der Auftrag eines Kirchbaus mit großem theologischem Programm erteilt.

Dann der Kontrast: über dem Gnadenbild aber weitet sich der Blick hinein in ein Weihnachtsbild. Das Jesuskind auf dem Schoß Mariens und die ganze heilige Sippe sind versammelt. Menschwerdung Gottes und der leidende Menschensohn sind in einer Linie. Der Weg Jesu, der Weg des heiligen Stephanus, der Weg der Kirche, vieler Christen, die verfolgt sind.

Was dem Betrachter in Bildern gezeigt wird, das spielt sich real auf dem Altar ab. Nicht nur in der Wieskirche, wo Gnadenbild und Weihnachtsbild darüber sind. Nein, auf jedem Altar. Seine Lebenshingabe wird real in

Blut und Leib. Dort ist der Heiland zu finden. Der Leidende, das Kind in der Krippe. Das stärkt uns für unseren Dienst. Für den heiligen Stephanus war es der Dienst als Diakon für die Armen an den Tischen. Evangelium, Frohbotschaft für alle, Hilfe für alle, die Hilfe bedürfen, weil sie Abbilder des unsichtbaren Gottes sind, der in Jesus den Leidenden, Armen, den Suchenden nahe gekommen ist, und den wir in ihnen entdecken.

Die weihnachtlichen Feste möchten uns zum konkreten Christ- und Menschsein ermutigen. Angelo Roncalli, Johannes XXIII. betete: „Heiliger Stephanus, du starbst für dieselbe Sache, für die ich lebe und hoffe“ – diese Sache aber hat uns das Leben Jesu nahegebracht – wie sie eindrucksvoll in der Wieskirche dem Betrachter vor Augen geführt wird. Gott wurde wie ein Sklave, damit wir keine Angst vor dem Dienen haben, wie es der Diakon Stephanus getan hat. Gott hat den Himmel geöffnet. Dafür lohnt es ich zu hoffen, zu leben und zu sterben. Heiliger Stephanus, bitte für uns!

VI. Neujahr (Gal 4,4-7) – mit der Zeit leben lernen

Von Zeit zu Zeit wird die sogenannte Atomuhr angehalten: Sage und schreibe für eine Schaltsekunde. Die exakte Atomuhr und die nicht ganz exakte Bewegung der Erde differieren dann und wann geringfügig.

"Unsere Erde schwankt und torkelt ein wenig vor sich hin und wird in ihrer Drehbewegung sogar tendenziell langsamer - Ebbe und Flut wirken wie eine permanent schleifende Bremse" – so der Experte Andreas Bauch.

Was gäben manche, wenn wir die Zeit überhaupt aufhalten könnten. So, wie es im Kleinen manche Menschen tun, die ihre Uhr fünf Minuten vorstellen, um dem Diktat der Zeit ein wenig zumindest zu entkommen, ein paar Minütchen eigene Zeit herauszuschinden, so wäre es doch denkbar, die Zeit generell zu überlisten! Nein, die Zeit ist allmächtig, ohne Erbarmen, sie unterwirft alles und alle! Auch wenn die Ägypter die Pyramiden geradezu anbauten gegen die Zeit, so trifft für alle menschlichen „Ewigkeitsbauten" das Russische Sprichwort: „Der Mensch baut Schlösser, die Zeit zerstört sie." Was ist eigentlich die Zeit? Philosophisch ringt schon Augustinus damit: „Wenn es mich niemand fragt, weiß ich es. Wenn ich es aber einem, der fragt erklären möchte, weiß ich es nicht…." (Conf 11. Buch, Kap 14).

Selbst der moderne Brockhaus muss bekennen: es ließen sich zwar die Eigenschaften der Zeit beschreiben – etwa dass sie erlebt wird als vergehend, oder dass sie gemessen werden kann, aber die Zeit als solche könne nicht erklärt werden. Zu den Eigenschaften der Zeit gehört auch die Möglichkeit, sie zu bedenken. Ganz im biblischen Sinne: „Bedenkt doch die Zeit!" (vgl. Röm 13,11).

Die jüdisch-christliche Tradition sieht die Zeit linear! Von Gott ist sie geschenkt. Die Welt ist nicht in der Zeit, sondern mit ihr erschaffen worden, wie es Augustinus sagt. Sie hat einen Anfang und ein Ende. Sie ist nicht nur vergehend, sie bietet auch darin Leben, Orientierung – biblisch gesagt: die Fülle des Lebens an! „Als die Zeit erfüllt war, sandte Gott seinen Sohn, geboren von einer Frau, dem Gesetz unterstellt..." (vgl. Gal 4).

In diesem ältesten Weihnachtstext der Heiligen Schrift berührt die Ewigkeit die Zeit, tritt der Ewige in die Vergänglichkeit allen irdischen Daseins ein. Das ist eine weitere Ausfaltung dessen, was wir Menschwerdung Gottes nennen: Der Ewige unterwirft sich der vergänglichen Zeit – ein Paradox – wenn wir das Wort des Meister

Eckehart bedenken: „Kein Ding ist Gott so sehr entgegengesetzt wie die Zeit.“ Wird damit nicht die Zeit geheiligt, bekommt sie damit nicht eine ganz neue Qualität?

Wir sind nicht verurteilt dazu, die Zeit nur als vergehend erleben oder erleiden zu müssen; sie als viel zu begrenzt zu erfahren, wie haben zwar nicht alle Zeit der Welt, wir können aber durch die Menschwerdung Gottes die „brevitas vitae“, die Kürze des Lebens, als Geschenk, die Zeit recht zu nutzen, als Herausforderung, uns der Zeit zu stellen und in ihr Gott und den Menschen zu begegnen und zu dienen. Jedes Jahr, jeder Tag, jede Stunde bekommt eine andere Bedeutung im Licht dieses Geheimnisses. Durch Christus wird uns ja der Himmel aufgerissen, wir dürfen einen Lichtstrahl der Ewigkeit erahnen, erleben... Deswegen ist ja das Kirchenjahr durchzogen von dieser Zuversicht, die immer aufs Neue gefeiert wird. Im Fest, in der Feier der Liturgie wird die Zeitlichkeit für kurze Zeit „aufgehoben“ – es gilt das „Jetzt“ und „Heute“ ganz bewusst zu erleben und damit auch an die Ewigkeit zu rühren. Somit wird auch dieses Jahr ein „Jahr des Herrn“ denn unsere Zeit, meine Zeit liegt in deinen Händen Herr!

VII. Erscheinung des Herrn – Dreikönig (Mt 2,1-12) – Suchen und Finden

Was wäre Weihnachten ohne das Fest, das wir heute feiern!? In keiner Krippe dürfen die prächtig gekleideten drei Könige mit ihrem Gefolge fehlen. Auch vor unserer Kirchenkrippe bleiben nicht nur die Kinder staunend vor dem orientalischen Schauspiel stehen. Die Erzählung des Evangelisten Matthäus hat wie kaum eine andere aber nicht nur die Phantasie der Krippenbauer und Maler geweckt. Bis auf den heutigen Tag lassen sich Tausende von Buben und Mädchen in unserem Land von dieser Geschichte anrühren und gehen als Sternsinger– gekleidet wie Könige – von Haus zu Haus, bringen den Bewohnern Segenswünsche für das begonnene Jahr und sammeln unermüdlich für Menschen, die Hilfe brauchen. So unterstützten auch unsere eifrigen

Ministranten mit ihrem Einsatz Projekte in Indien, Bethlehem und dem Päpstlichen Missionswerk.

Was ist das aber für eine Geschichte, die uns da erzählt wird? Können wir das glauben, dass da Menschen alles liegen und stehen ließen, nur um einem Stern zu folgen? Offensichtlich waren das Menschen, die schon auf der Suche nach etwas waren! Sonst schenkt man einem astronomischen Zeichen doch keine solche Aufmerksamkeit. Historisch betrachtet, werden wir wohl schwer auf einen grünen Zweig kommen, denn zu verschlungen und zu legendenhaft erweist sich die Erzählung von den Magiern aus dem Osten.

Freilich wissen wir aus babylonischen Keilschrifttexten her, dass im Land von Euphrat und Tigris man einen Retter-König erwartete, der im Westen erscheinen sollte. Die „Magoi" – die Sternenkundigen deuteten eine seltene Konjunktion am Himmel als den Zeitpunkt von dessen Geburt. Aber nicht das historisch Gesicherte ist das Entscheidende vielmehr die innere Wahrheit des biblischen Textes. Sie besteht in der Tatsache, dass unser Leben aus Suchen und Finden und aus dem Wieder-hergeben-müssen besteht.

Den Weisen genügt das bisherig Gefundene in ihrem Leben offenbar nicht, sie lassen sich von einem Zeichen führen, indem sie ihr gewohntes Leben unterbrechen sich Beschwernissen ausliefern, ohne 100 Prozent sicher sein zu können, dass sie der Stern auch wirklich zu ihrem Ziel führt. Nicht im Jerusalemer Königspalast finden sie dann schließlich was sie suchen.

Dramatisch schildern uns das die Krippendarstellung: die nicht standesgemäße Geburt des neuen Königs im Stall oder Ruine und das glanzvolle Erscheinen der Geschenke verteilenden Könige aus dem Osten. Ja, liebe Schwestern und Brüder Gott ist da. Er ist ein Mensch wie wir geworden in Jesus Christus. In der Krippe geboren – am Kreuz gestorben. Das Leben des suchenden Menschen, des glauben Wollenden, des vermeintlich Glaubenden ist in der wunderschönen Erzählung des heutigen Tages beschrieben.

Es ist eine Lebensaufgabe – das haben auch die großen flämischen Maler in ihrer Darstellung der Dreikönige gezeigt, wenn der Betrachter in den Gesichtszügen der anbetenden Könige die drei Lebensalter des Menschen erkennen kann. Der hl. Augustinus drückt diese Wahrheit folgendermaßen aus: Gott lässt sich suchen, um gefunden zu werden; und er lässt sich finden, um sich wiederum suchen zu lassen.

Lassen wir uns erneut anrühren vom Geheimnis dieses Festes. Geben wir die Suche nicht auf, treten wir die Reise an um zur Wahrheit des Glaubens zu finden. Die Magier sind auf einem anderen Wege heimgekehrt in ihr Land. Mag auch unserem Gebet vor der Krippe und unserer Feier die stärkende und verwandelnde Kraft geschenkt werden, unser ganzes Leben nach Ihm, dem „strahlenden Morgenstern“ (Offb 22,16) auszurichten.

VIII. 2. Sonntag der Fastenzeit (Mk 9,2-10, Gen 22, 1-18) – Zukunft von Welt und Glaube

Unsere Erde ist in Gefahr. Sie leidet, scheint zu verbluten, unterzugehen – und wir mit ihr. Das ist die eigentliche Angst. Schon aus eigenem Interesse, um nicht zu sagen aus Egoismus heraus, müssen wir innehalten, umkehren, anders handeln und leben, so lange es noch Zeit ist. Wir haben keinen Planeten B; allein das schon muss uns zum Denken und Handeln anstiften. „Die größte Sehenswürdigkeit, die es gibt, ist die Welt - sieh sie dir an.“ (Kurt Tucholsky)

Er ist wunderbar, der blaue Planet, mit seinen vielen Möglichkeiten. Faszinierend und voller Wunder, ständig im Wandel begriffen aber eben auch leidend, bedroht nicht zuletzt durch den Menschen in seiner Hab- und Profitgier und Gedankenlosigkeit. Dies erkennen ungläubige Menschen genauso wie gläubige. Gerade als Christinnen und Christen aber müsste uns doch die Welt besonders am Herzen liegen! Sie ist in erster Linie ein Geschenk – und mit Geschenken geht man doch behutsam, fürsorglicher um, als mit Dingen, die man selbst gekauft hat. Im Geschenk ist irgendwie auch der Geber anwesend. Die Schöpfung – wir könnten auch sagen – das Leben ist nicht nur irgendein Geschenk. Es könnte größer nicht sein. Die Größe und Schönheit dieses Geschenkes gilt es neu zu erkennen. Den Philosophen Leibnitz trieb die Frage um: »Pourquoi il y a plus tôt quelque chose que rien? « „Warum ist überhaupt etwas und nicht vielmehr nichts?" Leben soll man als unverfügbares und kostbares Geschenk erkennen. Eltern, die sich nach einem Kind sehnen, eines erwarten und bekommen haben, sind überglücklich: welch ein Geschenk, welch eine Freude, welch ein Glück, welch eine Aufgabe, Verantwortung! Und auch wenn wir es in jungen Jahren gar nicht mögen: wir bleiben Söhne und Töchter unserer Eltern, denen wir vieles verdanken, und ein Kind zu verlieren ist für Eltern ein grauenvoller Gedanke, eine unvorstellbare Erfahrung.

Umso irritierender ist die biblische Erzählung von der Opferung Isaaks durch seinen Vater Abraham. Ja, Abraham hätte es aus Gehorsam gegenüber Gott getan! Ist das nicht absurd? Isaak, der lang erwartete Sohn, der Nachkomme, den Gott ihm versprochen hat. Steht Gott nicht zu seinem Wort? Ist das denn nicht alles vollkommen unsinnig, wenn Gott dem Abraham die Zukunft raubt?

Abraham gilt als Vater des Glaubens - mithin auch für die Prüfungen des Glaubens! Die Geschichte aber wird deshalb erzählt, weil der Gott Israels eben keine Menschenopfer braucht und will. Dies wird sogar bei strengster Strafe im Glauben Israels verboten. Das Lamm wird zum Ersatzopfer, das Gott selbst zur Verfügung stellt. Dies ist eine enorme Weiterentwicklung des Gottesbildes, das Gott selbst gereinigt hat. Der Mensch soll nicht Angst vor Gott haben, vielmehr in Partnerschaft, als Tochter und Sohn Gottes, selbstverantwortlich, umsichtig, schöpfungsgemäß leben. Dazu gehört auch, dass wir neu begreifen, neu glauben lernen, dass der Gott, der die Welt geschaffen hat, sich offenbart, mit dem Menschen eine Beziehung-Geschichte eingeht.

Mehr noch: dass Gott selbst in seine Schöpfung kommt, in dem er selbst Mensch wird – in Jesus Christus, dem Lamm Gottes , der in seinem Leben und Sterben dem Menschen noch eine viel tiefere

Dimension eröffnet hat: ein Leben, das alle Welt nicht zu geben vermag. „Wer die Erde nicht berührt, kann den Himmel nicht erreichen“ (Elisabeth Moltmann-Wendel). Gott hat den Staub der Erde berührt und uns daraus gemacht, er ist selbst in den Staub der Erde getreten, um uns den Weg zum Leben zu bahnen. Schöpfung und Erlösung gehören zusammen. Die Erde berühren, staunen lernen, dankbar werden, gehört zum Weg der Heilung. Zum Glück braucht es nicht viel, wenn ich alles Leben als Geschenk und Wunder begreife.

Das Glück steckt oft in den unscheinbaren Dingen. Mit dem Staunen beginnt nicht nur Philosophie, sondern auch der Glaube. Keinen Tag beschließen, ohne drei Ereignisse, drei Situationen des Tages zu bedenken, worüber ich staunen und mich freuen darf. Lasst uns vom Staunen über die Schöpfung, über meine Erfahrungen, zur Dankbarkeit kommen, zu konkreten Schritten, zur Veränderung des Lebens, lasst uns dabei gegenseitig inspirieren und ermutigen – die Zeit drängt.

IX. 2. Sonntag der Fastenzeit - Hinhören

Zu keiner Zeit der Menschheit konnte der Mensch so vieles und noch dazu so viel Lautes hören, wie das heute der Fall ist.

Fernsehen, Radio, Telefon, Straßen-und Flugzeuglärm allenthalben.

Geräusche, Stimmen, Musik, Sätze ohne Ende. Allein schon um uns zu schützen, müssen wir zwangsläufig vieles über-hören! Dabei sind Hören und Hinhören zweierlei. Heute wird Hinhören fast schon zum Luxus und zur Kunst; Zuhören zumal. Indes beklagen die antiken Kirchenväter eine Schwerhörigkeit anderer Art: Die Menschen leiden nicht nur an physischer Gehörlosigkeit, sie leiden an der Schwerhörigkeit Gott gegenüber!

Wir können ihn einfach nicht mehr hören! Aber, so sagte es Papst Benedikt XVI. in München: „mit der Schwerhörigkeit oder gar Taubheit Gott gegenüber verliert sich natürlich auch unsere Fähigkeit mit ihm und zu ihm zu sprechen.“ Der Mensch aber lebt nicht nur vom Brot allein, sondern von jedem Wort, das aus Gottes Mund kommt! (Dtn. 8,2-6) – so hieß es im Evangelium des ersten Fastensonntags. Wir schneiden uns selbst vom Leben, von einer existentiellen Lebensquelle ab!

Haben wir noch die Anfangsworte des Tagesgebetes im Ohr? „Gott, du hast uns geboten, auf deinen geliebten Sohn zu hören!“ Es nimmt damit die Spitzenaussage des Evangeliums voraus: In einer atemberaubenden Szene wird das den drei Jüngern Petrus, Jakobus und Johannes verkündet. „das ist mein geliebter Sohn, auf ihn sollt ihr hören! Es handelt sich um ein Schlüsselerlebnis für Jesus selbst und es ist ein Offenbarungserlebnis für die Apostel, die ja ihrerseits immer wieder in ihrem Glauben herausgefordert werden, wer dieser nun wirklich ist. Petrus ist dafür der Prototyp, der zwischen Messias-Bekenntnis und Verleugnung hin und her schwankt. Aber dieses Mal haut es ihn und die andern schlichtweg um! Ein Motiv, das die Kunst der byzantinischen Ikonenmaler, die diese *„metamorphosis“* schrieben ebenso wie die großen Meister des Westens herausforderte.

Fast unübertroffen ist das Werk des berühmten Raffael, der im römischen Pantheon begraben ist. An seinem Geburtstag, dem 6. April 1520 mit nur 37 Lebensjahren über diesem Meisterwerk der Verklärung gestorben. Verstört liegen die Jünger am Boden. Christus aber wird schwebend, im weißen Gewand, die Arme weit geöffnet, nach oben orientiert , von Elia und Mose flankierend vor der Wolke dargestellt. Für Raffael sollte es eine österlich anmutende, der Himmelfahrt ähnelnde Szenerie werden. Das Göttliche Wort ist tatsächlich Jesus Christus selbst. Das Wort, das Fleisch geworden ist. Es ist nur eine Seite der Medaille, an das wahre Menschsein Jesu zu glauben. Durch den Lebensweg Jesu wird deutlich, dass er sich tatsächlich ganz in die menschliche Hand hinein ausliefert. Dass er aber nie aus der göttlichen Hand herausfällt, nicht einmal dann, als er von Gott und der Welt verlassen schien.

Wer auf ihn hört, muss allerdings auch weiterhören, dass zum Messias-Sein nicht nur die Verherrlichung vielmehr auch das Leiden, der Tod am Kreuz gehört. Sie müssen den Berg auch wieder hinuntergehen. Der 6.

April des Jahres 1520, als Raffael starb, war ein Karfreitag. Raffael hat somit beides an seinem eigenen Leben erfahren. Die gemalte Vorwegnahme der Herrlichkeit, der Metamorphose des Herrn, durfte ihn, den großen Maler, in seiner Sterbestunde hinein geleiten in die eigene Verklärung bei Gott selbst. Indem er hörte, erkannte Raffael die Wahrheit des Jesus Christus. Schaffen wir uns in dieser Fastenzeit Räume und Zeiten der Stille um auf ihn zu hören, damit uns wieder aufgeht, dass er allein das Wort, das Wort des Ewigen Lebens ist.

X. 5. Sonntag der Fastenzeit (Joh 11,1-45) – von Ostern her leben

Aber mit einem tiefen Ausblick und Einblick in das christliche Selbstverständnis. Um es gleich direkt zu sagen: es geht um das Überleben! Die wichtigsten Fragen unserer Zeit sind zu Überlebensfragen geworden. Immer wieder wird uns das vor Augen geführt – der Mensch, die Menschheit immer wieder am Abgrund.

Natur, Umwelt, Medizin oder Technik – die Grenze zwischen Leben und Tod verläuft hier oft auf einem schmalen Grat. Aber letztlich müssen wir doch dem Tod klein beigeben. Der Tod kommt nicht am Ende des Lebens, er ist das Ende des Lebens. „Media vita in morte sumus!" - Mitten im Leben sind wir im Tod – eine frühmittelalterliche Erkenntnis. In der Tat, ohne den Gott, an den wir glauben, gibt es keine zufriedenstellende Antwort auf die Frage des Lebens, die der Tod heraufbeschwört. Unter den 7 Zeichen, die es im Johannesevangelium gibt, ist die Auferweckung des Lazarus die eindrücklichste. Sie zeigt uns Jesus, der selbst unterwegs ist, seinen letzten irdischen Weg zu gehen, als den Herrn über Leben und Tod.

Freilich ist die Auferweckung des Lazarus eine unvollkommene, denn er muss ja wieder sterben; er wird zurückgeholt aus dem Binden und Banden der Todeshöhle. Er sei, so eine fromme Überlieferung, dann niemals mehr fröhlich gewesen. Er hat schon hineinschauen dürfen ins

„ewige Leben“ – so wie der berühmte Brandner Kaspar im Bayerischen Volksschauspiel.

Wir sehen aber in Geschichte noch etwas sehr menschliches: Die Reaktion der Maria: „Herr, wärest du hier gewesen, dann wäre mein Bruder nicht gestorben!“ Dieses berühmte „Wenn ..., dann“. Auch Gott gegenüber. Angesichts des irdischen Todes bricht auch für einen Gläubigen eine Welt zusammen. „Wärest du bloß hier gewesen – wo war Gott in meinem Leben – warum hat er das zugelassen....“ – hört man nicht selten. Wie oft vermissen wir Gott! Zumindest wüssten wir Menschen es, wann Gott da zu sein habe und wann nicht. Aber Gott ist immer größer als unser Meinen und Denken, er lässt sich nicht herbei zitieren oder gar begreifen. Und auch Marta ist ganz hin- und hergerissen von zwischen Kopf und Herz! Sie weiß vom Kopf her – aber vom Herzen her ist sie unendlich traurig über den verstorbenen Lazarus. Sehr tröstlich auch, wie der Evangelist uns Jesus schildert: weinend, erreg und gleichzeitig verbunden mit seinem Vater im Himmel. Und dann eines der ungeheuerlichsten Worte im Neuen Testament: „Ich bin die Auferstehung und das Leben. Wer an mich glaubt, wird leben, auch wenn er stirbt...und jeder, der lebt und an mich glaubt, wird auf ewig nicht sterben“ (Joh 11,25).

Auch wenn dies nur von Ostern her so deutlich und messerscharf formuliert werden konnte, erleben wir an dem Glaubensbekenntnis der Marta, dass der wahre Glaube Voraussetzung für diese Zeichenhandlung Jesu ist. „Ja, Herr, ich glaube, dass du der Messias bist, der Sohn Gottes, der in die Welt kommen soll“ (Joh 11,27).

Zu dieser Erkenntnis soll uns ja im Grunde die Österliche Bußzeit führen. Dass Er uns alle herausruft aus unseren Gräbern – bereits in diesem Leben die Verwicklungen, Umwicklungen unserer Verstrickungen und Erstarrungen löst. Hinein ins Leben der Freiheit der Kinder Gottes. Am Schluss des Evangeliums ruft Jesus die Umstehenden herbei und sagt: „Löst ihm die Binden, und lasst ihn weggehen!“ (Joh 11,44).

Lazarus ist auf Hilfe angewiesen. Als Christen müssen wir einander helfen, in dieser Welt als Auferweckte, als Erlöste, als freiheitliche Menschen zu leben. Wir sollen uns stützen im Bemühen, das neue

Leben der Taufe Gestalt werden zu lassen. Im gegenseitigen Stützen, Annehmen, Verzeihen lösen wir so manche Fesseln und die Binden des Todes. Das ist christliches, von Ostern her gelebtes Leben.

XI. Gründonnerstag (I) (Ex 12,1-8,11-14) – das Gewohnte anders

Der Mensch liebt Gewohnheiten. Im Kirchlichen speziell kann man das beobachten, und die Riten und Liturgien bestätigen eine beharrliche Tendenz. Aber das bringt es oftmals mit sich, dass alt Gewohntes gewöhnlich wird. Ist es nicht auch bei der Feier der Heiligen Messe so? Irgendwo im Hinterkopf haben wir es allemal, dass diese Feier, zumal das Letzte Abendmahl etwas ganz Besonderes war und bis heute sein sollte! Wir müssen uns dies Besondere in Erinnerung rufen! Es vergegenwärtigen, was es bedeutet!

Auch wenn das Johannesevangelium einen anderen Blickwinkel hat, so gehen wir davon aus, dass das Mahl Jesu mit den Jüngern ein Pascha-Mahl gewesen ist. Es ist eines der wichtigsten Feste im Judentum bis auf den heutigen Tag. Vor einigen Jahren, war ich wieder einmal im Heiligen Land und die Reisegruppe war höchst erstaunt, als man sich sogar in einem großen Hotel mit 400 Zimmern in Jerusalem anschickte, die letzten Reste von Gesäuertem aus dem Haus zu bannen und die kultische Reinheit des Geschirrs zu gewährleisten. So dass wir eine Zeitlang aus Plastiktellern aßen und mit Mazzen, den ungesäuerten Broten, zufrieden sein mussten. Bald wurden wir sogar in ein arabisches Restaurant zum Abendessen ausquartiert.

Alles erinnerte an die Ursprünge in der Frühgeschichte Israels. Die von Moses angeführte Schar machte sich nach den Plagen in Ägypten bereit, das Land des Pharao zu verlassen. Fluchtartig ging es zu: stehend, gegürtet, schnell essend - wir haben die Details ja in de Lesung gehört. Wie ihre Vorfahren, die Nomaden, die zu Abwehr gegen das Böse ihre Zeltplätze mit einem Kreis aus Lammblut abgrenzten, so bestrichen auch sie ihre Häuser mit dem Blut des Lammes, wie es ihnen geheißen war, um das Vorübergehen Gottes – das Pascha – zu erwarten. Ein Mahl, das zum Aufbruch einstimmt, durch die weglose und lange Wüste, eine Stärkung für einen gefährlichen Weg an dessen Ende die Freiheit und die eigene Scholle versprochen waren.

Als Jesus mit den Jüngern Pascha feierte, war das schon längst Geschichte. Es war kein Mahl mehr vor einer Flucht – es war ein frohes Fest in der Familie – auch im übertragenen Sinn! Brot und Wein – vier Becher wohlgemerkt, das im Tempel zu Jerusalem geschlachtete Lamm, die Geschichte vom Auszug aus Ägypten...alles schien seinen gewohnten Gang zu nehmen! Genau da aber wurde das Gewohnte durchbrochen! Beim Austeilen des Brotes und nach dem Mahl beim Segenswort über den Wein verändert Jesus nicht nur die Worte sondern den gesamten Sinn des Seder-Abend. Die alte Ordnung wird aufgehoben. Das ist mein Leib –das ist mein Blut – für euch dahingegeben. Brot und Wein sind nun nicht mehr nur Zeichen für etwas anderes. Sie sind anders, verwandelt, Ihn vergegenwärtigend.

Während Israel an die Befreiung der Sklaverei aus Ägypten durch die Hand Gottes dachte und feierte wir in jedem Jahr, geschieht hier ein neuer Aufbruch hinein bis in alle Welt bis in unsere Zeit. Der befreiende Gott Israels wird durch Jesus Christus zum Befreier aller Menschen und aller Zeiten. Das Letzte Abendmahl gibt nun Jesus selbst die Kraft, den letzten Aufbruch zu wagen. Durch die Wüste des Todes wird er gehen. Und noch einmal verletzt Jesu die Vorschriften, oder interpretiert sie: nach altem Brauch durfte man am Pascha-Abend die Stadt Jerusalem nicht verlassen. Denn verlässt Jesus die Stadtgrenzen, wenn er nach jenem denkwürdigen Mahl die Stadtgrenze verlässt, um durch das Hinnomtal und das düstere Kidrontal zum Ölberg zu gelangen – dem schnellsten Weg übrigens um in die nahegelegene Wüste zu fliehen!

Er ging hinaus in die Nacht – er hat das Dunkel, das Chaos nicht gefürchtet – er ist nicht einfach weggelaufen. Ist das nicht ein schönes, dramatisches ja aktuelles Bild für den Glaubenden? Im Eucharistischen Mahl werden wir gestärkt, die gewohnten Mauern zu verlassen, um hineingehen zu können in die Welt – in die oft chaotische Welt. Nur in seiner Kraft können und müssen wir uns als Kirche verstehen, als

Geschickte, Gesandte... weil es nicht um uns selber gehen darf. Am Ende der Gründonnerstagsliturgie werden wir den Weg Jesu nachahmen. Wir tragen das Allerheiligste heraus aus der Kirche in die Kapelle von Gethsemane, dem Ort der Einsamkeit und Todesangst. Dieser Weg darf nicht nur eine Gebärde sein. Er muss uns Auftrag sein, immer wieder in Jesu Einsamkeit hineinzugehen. Um dann auch zu erkennen und zu spüren, dass damit auch unsere Einsamkeit, unser Chaos, unser Tod nicht sinnlos ist, all das überwunden ist durch die Passion des Herrn. Es ist wahr: „Durch sein Wunden sind wir geheilt" (Jes 53,5; vgl. auch 1 Petr 2,21-24).

XII. Gründonnerstag (II) – sich beschenken lassen?

„Geben ist seliger denn Nehmen!" Wir haben wohl nicht zu Unrecht den umgekehrten Eindruck: Jeder nimmt sich, so viel er kriegen kann, mehr, als man eigentlich bräuchte! Hast du was, dann bist du was. Nicht nur in der Welt der Finanzen!

Die Gier ist zu sehen gleichermaßen in Billigläden bis hin zum Kalten Büffet. Alles her, alles rein. Ein Lebensstil vor allem des Westens, der letztlich auf die Dauer keine Zukunft haben wird. Wir haben keine zweite Erde, keinen Planeten „B"! Gleichwohl können wir auch eine scheinbar gegenläufige Beobachtung machen, wenn oft zu hören ist: „...ich will mir nichts schenken lassen!" – von Niemandem. Man möchte nicht „danke" sagen müssen, angewiesen sein auf jemandes Hilfe oder Gunst! Auber auch hier wird eine Weise von Egozentrik deutlich: ich habe alles, ich habe mir das selbst verdient, ich verdanke mich mir selbst; ich brauch den Andern nicht für mein Leben und schon gar keinen Gott, dem ich mich angeblich verdanken sollte. Gott stört im Streben nach Autonomie und Freiheit. Allein schon deshalb muss man – um mit Nietzsche zu sprechen – diesen Gott töten. Denn wenn es einen Gott gibt, dann möchte das ich selbst Gott sein! Andere sagen: „Gott sei Dank, gibt es keinen Gott!" Die Weisheit der Bibel erzählt in der Paradiesgeschichte: Die ersten Menschen hegen alsbald Misstrauen gegenüber Gott, lassen sich einreden, er würde es nicht gut mit ihnen meinen; sie seien letztendlich wie abhängige Marionetten. Deshalb ist es klüger, selber wie Gott zu sein. Ist nicht Gott doch das despotische, tyrannische Wesen, das man nur mit allerlei Opfer besänftigen muss? Mit Jesus von Nazareth wird dieses Gottesbild auf den Kopf gestellt, ins rechte Licht gerückt. In ihm erkennen wir, wie Gott wirklich ist.

Gott wird Mensch! Abba, wie ein guter Vater ist er zum Menschen. Ohne Angst, Argwohn, etwas vorenthalten zu bekommen. Nein, Christus hat uns alles mitgeteilt, alles vom Vater! Hat uns zu Freunden Gottes gemacht. „Gott ist die Liebe!" Das wird unüberbietbar in diesen Österlichen Tagen gefeiert! Heute insbesondere beim Letzten Abendmahl. Jesus wäscht den Jüngern die Füße – ein Sklavendienst – völlig unverständlich! Revision auch des Begriffes „Gottes-Dienst"!

Jesus schenkt sein Leben: Nicht wir opfern etwas – er schenkt sich selbst! Das ist mein Leib, das ist mein Blut – für euch hingegeben und vergossen. Nicht nur so dahingesagt: mit dem Leben, mit dem Sterben besiegelt. Aber eben nun nicht, weil Gott ein solch blutiges Opfer bräuchte! Nein, das wahre Paschalamm wird nicht von Gott getötet! Ausgerechnet durch die Frommen seiner Zeit wird er ans Kreuz gebracht. Sie können und wollen das Handeln Gottes in Jesus Christus nicht erkennen. Vielleicht wollen sie sich auch die Gnade nicht schenken lassen. Vielleicht auch deshalb, weil sich sonst in ihrem Leben hätte etwas ändern müssen?

Wer an den Gott, dessen Bild Christus ist, glaubt, der kann im Bereich der Religion nicht mehr mit Angst argumentieren und Druck auf andere ausüben. Gerade in Jesus tritt uns jemand entgegen ohne Angst vor Gott und ohne Furcht vor den Menschen. Lassen wir uns dies an diesen österlichen Tagen wieder neu gesagt sein. Lassen wir uns seine Gemeinschaft, die uns untereinander und mit Gott verbindet neu schenken.

XIII. Karfreitag (I) (Joh 18,1-19,42) – die Schuld des Unschuldigen

Wenn etwas falsch gelaufen ist wird sofort gefragt: Wer ist schuld? Wenn eine Fußballmannschaft ein Tor kassiert - wer ist schuld? Wenn ein Unglück geschieht - wer ist schuld? Es ist unsere Erfahrung: Menschen waschen gerne ihre Hände in Unschuld wie Pilatus; kurzerhand wie ein Schuldiger gesucht, nicht selten ein Sündenbock. Der Umgang mit Schuldigen oder vermeintlich Schuldigen ist dann auch nicht zimperlich. Davon können besonders Prominente ein Lied singen. Egal ob aus Kirche, Sport oder Politik. Die Inquisition der Kirche ist abgeschafft, aber so manche Hexenjagd ist geblieben. Im Grunde aber erleben wir uns ja alle als Schuldige: „Dasein ist Schuld“ (Heidegger), „Natur ist an Zähnen und Klauen blutig rot“ (Darwin), wir alle können nur leben, wenn wir Leben zerstören ob Vegetarier oder Fleischfresser! Leben auf Kosten anderen Lebens. Und der Apostel Paulus beichtet: „Nicht das Gute, das ich will, sondern das Böse, das ich nicht will, tue ich“ (vgl. Röm 7,19). Wir alle bleiben hinter dem Anspruch Bild Gottes zu sein ständig zurück. Menschen damals vor 2000 Jahren haben auch mit Jesu von Nazareth kurzen Prozess gemacht. Für viele war dieser schuldig. Wer ist schuld – er ist schuld am Tod Jesu? Die Frage hat es in sich! Ihre vorschnelle und tendenziöse Beantwortung, „die Juden“ seien schuld, die „bösen Juden“ hätten den Tod des Gottessohnes zu verantworten, führte zu Pogromen nach den Karfreitagspredigten.

Aber steht es nicht so in der Passionsgeschichte, die der Evangelist Johannes uns erzählt? Im Chor wird dem Pilatus zugerufen: Kreuzige ihn! Sehr gerne haben das die Nazis gehört, die sich sonst einen Dreck um die Bibel scherten, um ihre antisemitischen Aggressionen auszuleben. Lassen sie mich es klar sagen: Das Johannesevangelium ist nicht schuld - keine Evangelist ist so jüdisch geprägt wie Johannes; kein Wunder: der Autor ist Jude, die Adressaten waren Juden. Freilich benutzt Johannes der Begriff „die Juden“, der 67x vorkommt, in einer großen Bedeutungsbandbreite.

„Das Heil kommt von den Juden“ bis hin zu der tatsächlich gegenüber Jesus sich feindselig entwickelnden Gruppe. Das freilich hängt mit der späteren Entstehungszeit des Johannes zusammen; Die Juden, die in diesem Jesus den Messias sahen, an ihn glaubten standen den ablehnenden Juden gegenüber. Letztere stießen die Christen aus der Synagoge aus. Diesen Konflikt spiegelt also der Evangelist zurück in die Passion. Wer weiß schon, wie wir uns damals verhalten hätten? Zu welcher Gruppe hätte wohl ich gehört? Zu den Juden, die in Jesus den Messias erkannten oder zu den Juden, die in ihm einen religiösen Verführer sahen? Wer ist also schuld? Wieder Paulus: „Alle haben gesündigt und die Herrlichkeit Gottes verloren“. Bei Paul Gerhard steht: „was du, Herr, hast erduldet, ist alles meine Last, ich, ich hab es verschuldet, was du getragen hast.“ – so singen wir im bekannten Passionslied „O Haupt voll Blut und Wunden.“ Der absolut Unschuldige nimmt unsere Schuld auf sich; macht sich zur Sünde – das ist das eigentliche Geheimnis des Karfreitags. Damit wird ein Teufelskreis durchbrochen, Schuld immer beim andern zu suchen oder bei einer Struktur oder Institution. Er hat nicht nur die Schuld auf sich genommen sondern den Sünder damit angenommen. Damit können wir uns ganz anders selbst anschauen – annehmen, mit dem liebevollen Blick des Erlösers. In ihm können wir auch den dunklen Bruder in uns annehmen. Es ist ein lebenslanger Prozess der Annahme seiner selbst.

Immer wieder werden wir uns Vergebung schenken lassen dürfen, immer wieder werden wir uns selbst und andern Vergebung gewähren können.

XIV. Karfreitag (II) - skandalös

Der Karfreitag wird gern als Feiertag in Anspruch genommen!
Aber dem, was der Ursprung dieses stillen Tages darstellt, gehen viele lieber aus dem Weg. Viele – auch gläubige Christen klammern ihn aus. Er hat keinen großen Platz in ihrem Glaubensleben. Das Kreuz im Herrgottswinkel oder auf den Berggipfeln das lassen sich viele noch eingehen. Aber das Kreuz, den Gekreuzigten zum Inhalt einer Feier zu machen –geht das nicht allzu weit? Der Tod Jesu am Kreuz, der Tod des

erwarteten Messias durchkreuzt unsere Vorstellung; wir hätten doch lieber einen Christus, der nicht die schmutzige Via Dolorosa in Jerusalem geht – blutig geschlagen, das Kreuz keuchend schleppend – hinauf nach Golgota, der Müllhalde des alten Jerusalems vor über zweitausend Jahren. Gerne wären viele doch beim Palmsonntagsjubel geblieben.

Ja, wäre es nicht angemessener für den Messias, wenn er im Stile der römischen Cäsaren auf einem Streitwagen fahrend, durch die von jubelnden Menschen gesäumte römische Prozessionsstraße, die Via Sacra, durchs Forum Romanum zum römischen Kapitol hinauf begibt, um dort, einem Gott gleich, mit den Lorbeer des siegreichen Feldherrn bekränzt zu werden? Der tatsächliche letzte Weg und das irdische Ziel aber des Jesus von Nazareth konnte keinen Gefallen finden. Gemäß dem Prophetischen Wort aus dem Buch Jesaja „Er sah nicht so aus, dass wir Gefallen fanden an ihm. Er hatte keine schöne und edle Gestalt, so dass wir ihn anschauen mochten!“ (Jes 53,3). Ein Kronzeuge für diese Auffassung ist Paulus. Für ihn, den Tausendprozentigen, geht die Herrlichkeit Gottes mit dem erbärmlichen Tod des galiläischen Rabbis, der der Messias sein soll, nicht zusammen.

Jesus wurde als Gotteslästerer verurteilt und hingerichtet. War das nicht der beste Beweis, dass er nicht der Messias sein konnte. Mit Fleiß machte sich Paulus daran, zu verfolgen und diejenigen zu bestrafen, die diesem Christus nachfolgten. Sind sie nicht allesamt Narren, Verrückte, Esel, diese Christen? „Für Juden ein empörendes Ärgernis, für die Heiden eine Dummheit!“ – so wird der bekehrte Paulus dann im 1. Korintherbrief schreiben.

Im vorletzten Jahrhundert hat man auf dem römischen Palatinhügel eine in einen Stein gekritzelte Karikatur aus dem 2. Jahrhundert ausgegraben – übrigens die älteste uns bekannte Darstellung des Gekreuzigten. Es ist aber ein Spottkruzifix: der Gekreuzigte wird mit einem Eselskopf dargestellt. Die Inschrift lautet: Alexamenos betet seinen Gott an. Und – möchte man interpretieren – auch dieser Alexamenos ist ein Esel. Der Glaube an den Gekreuzigten Messias also eine einzige Dummheit, eine Eselei? Im Hintergrund dieser Frage aber steht eine ganz andere! Wie geht überhaupt das Leid in der Welt mit dem Glauben an einen guten und liebenden Gott zusammen? Denn im Mittelpunkt der Karfreitagsliturgie steht die Verehrung des Kreuzes; wir bekennen uns also dazu, dass Gott etwas zu tun hat mit diesem Gekreuzigten. An diesem Kreuz hängt der menschgewordene Gott, der tatsächlich in allem uns gleich geworden ist. Er ist konsequent seinen Weg gegangen, er hat sich nicht aus dem Staub gemacht, er hat ausgehalten. Das macht es auch für die, die ihm nachfolgen, nicht immer leicht, konsequent auf dem Weg zu bleiben. Dies kann nur gelingen, wenn wir auf Ihn schauen, wenn wir ihn in im Blick behalten. Die Dummheit des Kreuzes zu begreifen, als Zeichen für das Leben, das Gott schenkt geht, nur, weil Gott tätig wird, den Gekreuzigten nicht im Tod belässt. Auch Paulus, der hartnäckige Christenverfolger, hat es vor den Toren Damaskus erfahren, wie blind er ist und wie ihm Gott die Augen öffnet für den Gekreuzigt-Auferstandenen und sein Bekenntnis formt: „Wir aber verkündigen Christus als den Gekreuzigten“ (1 Kor 1, 23). Nur dann, wenn wir glauben, dass Gott handelt, wirkt – damals und heute - , nur dann können wir vor dem Kreuz knien und es verehren: Seht das Kreuz, an dem Herr gehangen, das Heil der Welt: Kommt lasset uns anbeten.

XV. Karfreitag (III) – der andere König

Gelebt wird nach vorne – verstanden aber erst im Rückblick.

Eine Ereignis, ein Gespräch, ein Widerfahrnis muss ein Weg machen vom Kopf in das Herz, muss sortiert, in meinen Lebenszusammenhang eingeordnet werden. Welche Bedeutung ein Geschehnis hat, hängt davon ab, wie ich es deute! Der Sinn liegt nicht immer gleich auf der Hand – besonders wenn es dramatische Ereignisse sind. Jesu letzte Tage und Stunden in Jerusalem des Jahres 30 – die Passion, wie wir sagen, die uns Johannes jeden Karfreitag erzählt, ist daher mehr als eine Aneinanderreihung von Fakten, ist mehr als die Schilderung eines Gerichtsprozesses und einer grausigen Hinrichtung am Kreuz! Johannes deutet das Geschehen und er lädt auch die Leser und Hörer ein, hinter die äußeren Bilder zu blicken. Er lädt im Grunde ein, einen gläubigen Blick zu wagen.

Alles läuft auf den die letzten Worte am Kreuz zusammen: „Es ist vollbracht“ (consummatum est, tetelestai). Die paradoxe Wahrheit findet sich auch im 22. Psalm. Von „mein Gott, warum hast du mich verlassen“ bis dem Ausruf des Vertrauens darauf, dass Gott selbst jetzt am Werk ist – in und hinter dem Äußeren. Jetzt fällt „Seine Stunde“, die Stunde Jesu mit der Stunde Gottes zusammen, in der die Menschen- und Gottverlassenheit zur Stunde der Erhöhung, der Verherrlichung wird. Johannes stellt uns die Kreuzigung als ein Krönungsritual vor Augen!

Der ganze Dialog, das Mitspielen des Römischen Prokurators Pontius Pilatus – der es ja bis ins Glaubensbekenntnis geschafft hat, von der Frage: „Bist du der König der Juden“ – bis hin zur Dornenkrone, dem Purpurmantel, mit dem man ihn „königlich“ schmückt, bis hin zum Wort: „Da ist euer König“ zeigt dies eindrucksvoll. Das „Stück vom seltsamen König“ wird nun bis zum Ende durchgespielt: es folgt eine grässliche Inszenierung: die makabre Thronbesteigung am Kreuz, die „Thronassistenten“ sind die beiden Mitgekreuzigten zur Rechten und Linken und auf dem sogenannten „Titulus“ wird es in allen Weltsprachen verkündet: Jesus von Nazareth, König der Juden. Nachdem man ihn vom Kreuz abgenommen hat, wird er eingesalbt. Ja, jetzt am Ende, als der tote Jesus abgenommen wird, wird der Messias gesalbt. Menschlich gefragt: was soll er jetzt noch ausrichten. Nein, jetzt wird er durch Gottes Handeln wirklich zum Messias, zum Christus, zum Auferstandenen. Bei Johannes im fürchterlichen Leid, im Tod am Kreuz geschieht Verherrlichung – so möchte er es auch uns verkünden! Nicht erst nach dem Tod – jetzt! Wer zu Jesus, dem Christus aufblickt, sieht nicht nur den Leidenden er sieht den erhöhten König, an dem Gott gehandelt hat.

Wo auch immer mit dem gläubigen Blich auf den Herr geschaut wird, wo gelebt, gelitten, gehofft und geglaubt wird, verwandelt sich die Welt, verwandelt sich mein Leben. Nicht dass sich immer die Situationen ändern aber meine Haltung, mein Blick. Denn es ist immer auch sein Blick, der mich anschaut und mir Trost und Hoffnung schenkt.

In diesem Sinn lasst uns auf ihn schauen, und lassen wir uns v.a. von IHM anschauen.

XVI. Ostern – anders sehen lernen

Alljährlich erscheinen zu Ostern die neuesten Umfragen, denn zu Folge nicht einmal jeder zweite Deutsche an die Auferstehung glaubt. Selbst unter Christen ist dieser wesentliche Teil dessen, was wir heute feiern, nicht mehr selbstverständlich.

Geben 83% aller Katholiken nach einer Umfrage an, an Gott zu glauben, so glauben nur noch 50% an eine Auferstehung Jesu und das ewige Leben. Weitere Umfragen machen deutlich, dass der Auferstehungsglaube in der jüngeren Generation eher noch weniger Rückhalt findet. Ja, die Gretchenfrage: „Glauben sie denn an die Auferstehung Jesu, ans ewige Leben?“ Einer, dem das alles wie eine Unsinn vorkam, ist der, den wir das ganze Jahr über bedenken: der Apostel Paulus. Wie kein Zweiter hat er dieses Ärgernis auszuräumen, auszurotten versucht! Er war in seiner Ablehnung so verbohrt, vernarrt, dass man ihm mit Argumenten nicht kommen brauchte! Bei solch einem eigensinnigen Kaliber, wie es Paulus war, konnte nur Gott selbst etwas bewirken: In der Tat, gefiel es Gott, so Paulus im Galaterbrief „...seinen Sohn in mir zu enthüllen“. Paulus erfährt just den, den er für Aberwitz hält, als den Auferstandenen. „Zuletzt von allen- als er Missgeburt gewissermaßen- gab er sich zu schauen mir“ 1 Kor 15 Die Apostelgeschichte erzählt mehrfach diese Begegnung vor Damaskus.

Für Paulus ist die Erscheinung des Auferstandenen der Wendepunkt, die zentrale Glaubenserfahrung seines Lebens.
Das Undenkbare wird für ihn zur innerlich geschauten Wahrheit: Der Gekreuzigte ist von den Toten auferweckt worden. Gott hat sein Leben in der Auferstehung bewahrheitet.

Für Paulus ist der Glaube an Jesus Christus nicht denkbar ohne den Glauben an die Auferstehung. Nimmt man die anfangs erwähnten

Umfragen, nach denen heute selbst viele getaufte Christen nicht mehr an eine Auferstehung glauben, so kann man gewiss sein, Paulus würde sich dem vehement entgegenstellen, so wie er es damals auch der Gemeinde von Korinth gegenüber getan hat: „Wieso sagen dann einige von euch, es gebe keine Totenauferstehung?“

Wenn Christus nicht auferstanden ist, dann ist unser Glaube „leerer Wahn“. Wenn Jesu Leben nicht durch die Auferweckung von Gott bewahrheitet worden ist, dann ist er ein gescheiterter Prophet, dann ist er vielleicht ein besonders guter Mensch, ein leuchtendes Vorbild, oder wie es Jaspers gesagt hat, dann gehöre er mit sicher neben Buddha und Platon zu den Maßgeblichen Personen der Weltgeschichte.

Aber mehr schon nicht. „Wenn wir also nur für dieses Leben auf den Messias gehofft haben, so sind wir erbarmenswerter daran als alle Menschen“ (1 Kor 15,19“. Es geht Paulus nicht – wie das die Religionskritiker des 19. Jahrhunderts der der Kirche vorgeworfen haben, um Vertröstung aufs Jenseits! Es geht Paulus mit seiner Botschaft um einen Trost für alle Menschen in diesem Leben, wo der Tod allgegenwärtig ist. Es geht um die größere Perspektive, um das Woraufhin, das Ziel dieses irdischen Lebens. Nur so ist auch verständlich, wie Paulus selbst in der Folge seiner Bekehrung für das Evangelium Mühen, Drangsal, Gefangenschaft, Tod in Rom in Kauf nimmt.

Wenn wir an die großen christlichen Gestalten der Kirchengeschichte, insbesondere die Gestalten des Widerstandes im 3. Reich denken, an die Geschwister Scholl, an Pater Alfred Delp, an Edith Stein, an Pater Rupert Mayer an und viele andere, dann war es vor allem der Glaube an die größere Gerechtigkeit Gottes, dies diesen Menschen die Kraft zu ihrem Zeugnis hab, der Glaube daran, dass schlussendlich nicht der Tod, sondern das Leben, die Freiheit siegen wird

So wie der Gekreuzigte mitten im Unvollendeten seines Todes durch die Auferweckung zu Vollendung seines Tuns gelangt, so – davon ist Paulus überzeugt – werden auch wir im Tod unsere Vollendung bei Gott finden. Das ist der österliche Glaube!

XVII. Christi Himmelfahrt (Apg 1,1-11) – Abschied und Neuaufbruch

Immer wieder trennen sich die Wege von Menschen: Bekanntschaften vom Urlaubsort, Schülerinnen und Schüler am Ende der Ausbildung, bei der Berufsausbildung oder am Ende des Studiums. Manche Verbindung bleibt, die meisten sind tatsächlich Trennungen für viele Jahre oder für immer. Menschen verlieren sich aus dem Auge und oft auch aus dem Sinn. Aber gilt das nicht für all unsere Beziehungen? Wir Menschen müssen uns definitiv einmal von den Menschen trennen, die mit uns durchs Leben gingen. „Bis der Tod uns scheidet"! Das gilt im Grunde für alle menschlichen Beziehungen. „Ich hab fast niemand mehr von meinem alten Bekanntenkreis – alle sind weggestorben nun ist auch mein Mann von mir gegangen..." – so ein Aussage einer Frau in der letzten Woche.

Freilich schon mitten im Leben begegnet uns die Erfahrung, sich auseinander gelebt zu haben, obwohl man Tür an Tür, in derselben Wohnung wohnt: Mutter und Tochter, Vater und Sohn, Ehepartner. Auch in der Kirche gibt es Trennung, obwohl man doch denselben Glauben zu haben meint. Selbst den Jüngern Jesu ergeht es so, sie erleiden eine für sie schwer verkraftbare Trennung. Ihr Meister wird ihnen entrissen hinein in die Grausamkeit der römischen Henker, die Jesus zu Tode martern. Die Traurigkeit ist ihnen ins Gesicht geschrieben, fassungslos und ratlos müssen sie nun Wege ohne ihren Rabbi von Nazareth gehen. Wie soll das gehen? Menschlich gesehen ginge da nichts mehr! Es ist d a s Wunder schlechthin, dass überhaupt etwas nach dem Tod Jesu geschieht! Und nicht nur im Sinne, dass eben die „Sache" Jesu weitergeht. Die Idee, das Ethos, das Jesus gelehrt und gelebt hat und wie es in der Bergpredigt etwa aufgezeichnet wurde. Nein, die christliche Wahrheit ist keine Sache! Sie war ist und bleibt ein Person! Nur weil Gott gehandelt hat in unüberbietbarer Weise, deshalb geht da überhaupt etwas zusammen.

Nur weil der Auferweckte auch den Jüngern erscheint, ihnen Mut macht, ihnen – jedem einzelnen Kraft, Elan und Freude schenkt, können sie die Trennung in sie hineinverstrickt sind, verstehen und aus ihr Kapital schlagen. Im heutigen Fest Christi Himmelfahrt wird das nochmals zusammengefasst, nochmals in Worte gekleidet, was eigentlich nicht in Worte zu fassen ist: Jesus ist vom Vater auferweckt worden, er ist den Jüngern erschienen und ist zum Vater gegangen. Verdutzt und erstaunt registriert das auch die Apostelgeschichte in der Lesung: „Ihr Männer von Galiläa was starrt ihr zum Himmel! Er wird wiederkommen! Vielmehr noch. Er bleibt da in anderer Weise, im Heiligen Geist, d e r Wirkmacht schlechthin. Die universale Kraft die wirkte und wirkt. Nur durch die Trennung vom irdischen Jesus, nur durch die Trennung des begrenzten Raumes des Heiligen Landes in die ganze Welt – kann sich Neues ereignen. Die Trennung von ihrem Meister, die den Jüngern zugemutet wird, wird zur Geburtsstunde der Kirche! Geburt ist wunderbar aber nicht ohne Schmerzen zu haben.

So paradox es klingen mag, die notwendige Trennung bewirkt erneut, dass Menschen, die eigentlich getrennt sind, zur Gemeinschaft werden in Jesus Christus! Himmelfahrt –Trennung von Zeit und Raum bewirkt genau das: Kirche, zusammengeführt und gerufen zu sein, Leib Christi zu werden und zu bezeugen und zu verkünden: Ja, Christus lebt, er lebt beim Vater und er lebt und atmet – wie es der hl. Augustinus sagt, in **uns.** Ein schönes und ermutigendes Fest!

XVIII. Pfingsten – Vielfalt und Einheit

Pfingsten ist Reisezeit! Sonst nichts? Viele wissen damit nichts anzufangen – „was soll ich da schon predigen?“ - hat ein Pfarrer gefragt. So geht es vielen Christen. Pfingsten – das Fest des Heiligen Geistes – so sagen wir. Aber was bedeutet das? Obwohl ja heute alles und jeder spirituell sein möchte – suchen viele den Geist nicht in der Kirche. Im Gegenteil: ausgerechnete hier scheint man Ihn, den Heiligen Geist, nicht finden zu können oder finden zu wollen. Gleichzeitig scheint es gar nicht so leicht zu sein, den Geist Gottes auch richtig zu verstehen, denn ganz unterschiedlich fallen die Interpretationen aus! Die Bandbreite der augenblicklichen Diskussion zeigt es eindrücklich: Pius-Brüder und „Wir sind Kirche“ Pfarreraufstand in Österreich, und Aufstand der Gläubigen in Augsburg. Dazu die unterschiedliche Interpretation des II. Vatikanischen Konzils, die progressiven und die konservativen Einschätzungen der gegenwärtigen Kirchenkrise. Und alle berufen sich wohl irgendwie auf den Geist Gottes. Die Kirche kannte immer schon eine Bandbreite: vom Apostelkollegium bis heute! Dennoch gilt es die Einheit zu bewahren. Das ist das große Anliegen Jesu! Damit sie alle eins seien. Dieses Grundanliegen Jesu wird auf Petrus übertragen – du bist Petrus und auf diesen Felsen werde ich meine Kirche bauen.

Das ist schlechterdings seine Aufgabe: Garant der Einheit für die Kirche und demnach „Pontifex maximus“ – Brückenbauer – in der Kirche und für die Kirche zu sein. Eine übermenschliche, schier zerreißende Aufgabe! Schmerzlich erkennen wir den Riss in der Kirche, die getrennten Kirchen und kirchlichen Gemeinschaften - als ein Faktum der Kirchengeschichte und der menschlichen Schwäche in der Kirche. Aber immer wieder lässt sich die Kraft des Heiligen Geistes im Gang der Kirchengeschichte spüren! In großen Gestalten, in Frauen und Männern, Jungen und Alten. Franziskus, Klara, Benedikt, Birgitta, Theresa, Katharina von Siena, Nikolaus von Kues. Sie waren Werkzeuge des Geistes - nicht aus eigener Kraft! Menschen, von der Kraft Gottes überzeugt und Menschen, die ganz nahe in Christus waren: „Empfangt den Heiligen Geist“ – diesen Geist haben wir Getauften und Gefirmten doch alle empfangen.

Wer zu ihm in lebendiger Beziehung steht, erfährt und erspürt den Geist, er ist nicht erwerbbar, zu verdienen, wir haben keinen Anspruch auf ihn! Aber der Geist ist im Grunde die Selbstgabe Gottes schlechthin: die „Gabe, über die hinaus Größeres nicht gegeben werden kann.“ (Werbik) Der Heilige Geist ist nicht allein Gabe, sondern selber Geber der guten Gaben, indem er Glaube, Liebe, Hoffnung weckt, in dem die Früchte sichtbar werden sollen: Freude, Frieden, Langmut, Freundlichkeit, Güte, Treue – so haben wir es bei Paulus heute im Galaterbrief gehört. Offensichtlich war das damals auch schon vonnöten, ein kleiner Trost. Denn man kann sich eben auch verrennen: eigene Wege gehen; sich abwenden, ignorieren, vergessen wollen, nicht glauben wollen,

manchmal auch nicht glauben können. Da braucht es den großen Beweger, einen, der uns wieder daran erinnert. Er hat es bei den Jüngern geschafft und er schafft es allen Unkenrufen und Unheilspropheten zum Trotz auch heute und sogar bei uns und bei mir. Noch ein Aspekt erscheint mir an Pfingsten wichtig zu sein:
Im Credo bekennen wir in einem Atemzug: „Ich glaube an den Heiligen Geist, die heilige katholische Kirche…" (Apostolisches Glaubensbekenntnis).

Die Erkenntnis ist schon einmal wichtig, dass Heilige Geist und die Kirche nicht zusammenfallen! Es gibt eine Differenz! Aber es gibt auch einen unabdingbaren Zusammenhang, eine Kohärenz. Nicht von ungefähr leitet sich das deutsche Wort für Kirche vom griechischen Wort „Kyrios" – dem Herrn gehörend ab! Vom auferstanden Herrn Jesu Christus her, der den Seinen den Heiligen Geist einhaucht. Ohne diesen Geist ist die Kirche weder zu verstehen, noch kann sie bestehen. Nicht verstehbar als Institution oder soziologische Größe….das wäre zu wenig! So hätte die Kirche auch die 2000 Jahre nicht überlebt, der Wagen wäre längst an die Wand gefahren. Nein, ohne Geist ist alles verloren.

Freilich ist der Heiliger Geist ist nicht exclusiv von der Kirche gepachtet: Spiritus ubi vult spirat – der Geist weht, wo er will, dennoch ist er der Kirche ausdrücklich zugesagt und verheißen. Das heißt aber nicht, dass es keinen Streit geben dürfe, keine Debatte, keine Konflikte, sie dürfen aber nicht im Zerwürfnis, in der Spaltung enden, wie dies in der Kirchengeschichte immer wieder der Fall war. Eine zerstrittene Christenheit, eine zerstrittene Kirche ist niemals attraktiv und schon gleich gar nicht vom Herrn, vom Kyrios gewollt. Ohne Heiligen Geist ist die Kirche ein armseliges Vehikel. Durch ihn wird uns das Ringen um die Einheit der Kirche, die Fähigkeit, über den eigenen Schatten zu springen, geschenkt. Damit ist auch der Wunsch verbunden, dass Wunden, die die Konfessionen einander angetan haben, geheilt werden. Mit dem Geist hat die Kirche, hat jeder einzelne die Chance, heiler zu werden, froher, gelassener, vertrauender, liebender zu werden. Rechthaberei zu überwinden. Nichts aber geht ohne das Gebet um den Heiligen Geist. Lasst uns immer wieder einstimmen in das Gebet um den Heiligen Geist mit den Worten des Heiligen Augustinus:

Atme in mir, du Heiliger Geist, dass ich Heiliges denke,
treibe mich du Heiliger Geist, dass ich Heiliges tue,
locke mich, du Heiliger Geist, dass ich Heiliges liebe,
stärke mich, du Heiliger Geist, dass ich Heiliges hüte,
hüte mich, du Heiliger Geist, dass ich das Heilige nimmer verliere.

XIX. Dreifaltigkeit - Denken und Lieben

Ist es nicht allerhand, welch geistige Akrobatik uns mit dem Fest der Heiligsten Dreifaltigkeit zugemutet wird? Der Eine Gott in Drei Personen! Wer kann das begreifen? Ganz klare Antwort: Begreifen kann es tatsächlich niemand. Denn Gott ist und bleibt ein unfassbares Geheimnis, das ungreifbare Größte „quer nihil maius cogitari potest"- worüber hinaus nichts Größeres gedacht werden kann, wie es Anselm von Canterbury, der bedeutende mittelalterliche Theologe, sagt. Haben sich also die Theologen der alten Kirche zum reinen Vergnügen die Köpfe zerbrochen, als sie die Rede von dem Einen Gott in den drei Personen, Vater-Sohn-Heiliger Geist vom Zaum brachen? Mitnichten! Der Begriff Trinität kommt zwar im Neuen Testament nicht vor, wohl aber das, was damit gemeint ist.

Die frühen Konzilien von Nizäa 325 oder Konstantinopel 381 waren Streitkonzilien; gar handgreiflich wurde diskutiert über die Frage wer Jesus Christus ist: gottgleich oder gottähnlich. Frühe Weichenstellungen waren deswegen vonnöten, weil das Christentum jener Jahre sich profilieren konnte und musste – in gewisser Weise also gar nicht so unähnlich der heutigen Zeit entsprechend.

Der Bruch mit der Synagoge war vollzogen. Wie also war das zu beurteilen – es war ja ohne Zweifel der Gott Abrahams, Isaaks und Jakobs, der in der Fülle der Zeit als Mensch in Jesus von Nazareth sich selbst unüberbietbar zeigte, offenbarte. Er ist nicht nur ein Prophet, er ist der Sohn, von dem der Kolosserhymnus sagt: „Er ist das Bild des unsichtbaren Gottes (...) Alles ist durch ihn und auf ihn hin geschaffen" – Kol, 1,15 ff. Jene ersten großen Kirchenversammlungen fielen aber noch mitten in die Zeit des Imperium Romanum, als in den heidnischen

Tempeln in Rom, Athen, Ephesus, Baalbek oder Antiochia am Orontes noch die Opferaltäre rauchten und wo man es mit einem gekreuzigten jüdischen Rabbi, von dem man behauptete, er sei auferstanden, nicht recht leicht hatte. Ganz zu schweigen von der hellenistischen Philosophie, die einen leidenden Gott als absurd abtun musste. Paulus konnte ein Lied davon singen: Den Griechen ein Torheit, den Juden eine Ärgernis – wie sollte man diese verrückte Botschaft an den Mann und an die Frau bringen?

So entstand in langem Ringen und der eingehenden Reflexion der Schrift jenes Bekenntnis des großen Glaubensbekenntnisses. Aber noch eine ganz andere Frage bewegt doch uns heutige. Cui bono? Was kann ich heute damit anfangen? Welche Relevanz hat das für mein Leben, für meinen Glauben? Die Apostelgeschichte kann uns hier weiterhelfen! In der Verteidigungsrede des Stephanus hören wir: „erfüllt vom Heiligen Geist blickte er zum Himmel auf und sah die Herrlichkeit Gottes und Jesus zur Rechten Gottes stehen und sprach: ich sehe den Himmel geöffnet und den Menschsohn zur Rechten Gottes stehen, und sprach: ‚Siehe, ich sehe die Himmel geöffnet und den Sohn des Menschen zur Rechten Gottes stehen“ (Apg 7,55 f).

Im Angesicht des nahen Todes des ersten Märtyrers der Kirche wird uns das Glaubensgeheimnis der Dreifaltigkeit vor Augen geführt. Wir sehen, welche Bedeutung die Trinität für den Menschen gewinnt. In welcher Beziehung der Mensch zum dreifaltigen Gott steht. Stephanus ist selbst erfüllt vom Heiligen Geist, er erkennt in der schwersten Stunde seines Lebens das Ziel seines Lebens und Leidens: die Glorie, die Herrlichkeit Gottes, die in Jesus leibhaft sichtbar geworden war und ist.

Durch seinen Glauben, sein unbedingtes Vertrauen, seine Hingabe und v.a. durch seine Liebe wird Stephanus geradezu hineingezogen in die Dreifaltigkeit. Nicht in erster Linie denkerisch nähern wir uns demnach diesem Glaubensgeheimnis! Der Weg, das Geheimnis des dreifaltigen Gottes zu erahnen, ist die Liebe. Wie kann es anders sein! Die Liebe öffnet nicht nur die Augen des Herzens für andere Menschen sondern auch für das unfassbare Geheimnis Gottes, des dreifaltigen Gottes! Gerade Paulus, der beim Tod des Stephanus keine rühmliche Rolle einnimmt wird später im Galaterbrief schreiben: „Gott hat seinen Geist in eure Herzen entsandt, der ruft „Abba, Vater, so dass du erkennst, dass du nicht mehr Sklave bist, sondern Sohn…“ Gal 4,6.

Gott ist Beziehung, Gott ist die Liebe – in diese Beziehung, in diese Liebe sind wir durch unsern Glauben an den dreieinen und dreifaltigen Gott hineinverwoben hat uns zu Söhnen und Töchtern gemacht; genau das dürfen wir heute festliche feiern: der unbegreifliche, dreifaltige Gott bereitet sich in uns einen Himmel, seinen Himmel im Herzen der Betenden, im Herzen von uns allen. Beten wir darum, dass der Himmel auch in uns offen bleibt für das Geheimnis der Liebe.

XX. Fronleichnam (I) - Anbetung

Es gibt nicht nur äußere Schwierigkeiten mit dem Fest Fronleichnam: Ferien, Urlaub fern der eigenen Heimat bedingen vielerorts einen Mangel an Beteiligten. Aber ist es nicht vor allen Dingen auch ein innerer Widerstand gegen dieses Fest? Welche Bedeutung hat es für uns noch? In der Tat handelt es sich um ein Mittelalterliches Fest, das 1246 von Urban IV für die gesamte Kirche eingeführt wurde und auf die Augustiner-Chorfrau Juliane v. Lüttich und deren Vision zurückreicht. Erstaunlich genug: die Initiative kam sage und schreibe von einem 16jährigen Mädchen. Sie sah im Bild den Mond, der mit einem schwarzen Fleck versehen war. Darin sah sie ein Symbol für das Fehlen eines eigenen n eucharistisches Festes in der Kirche. Schon damals allerdings beschwor das neue Fest einen Zustand, den es schon nicht mehr gab! Denn heillose Streitigkeiten zwischen Klerus und weltlichen Mächten prägten die Zeit ebenso wie Ketzer und Irrlehrer, die die einfachen Menschen verunsicherten. Theologische Schulen befehdeten einander. Umso mehr wurde die Vision der Juliana zur Sehnsucht der Einheit in dem einen Christus – dem einen Leib Christi – anzuschauen in der hl. Hostie.

Ist das nicht die eigentliche Devise des Festtages, dass wir unseren Blick auf Jesus Christus richten? Dass uns da tatsächlich – in der Eucharistie und im heutigen Fest etwas geschenkt wird, das unseren Blick weitet, unser Herz voll Dankbarkeit erfüllt, unseren Glauben stärkt! Sören Kierkegaard hat gesagt: wir müssen immer bedenken, dass der, von dem wir reden- Jesus Christus immer auch anwesend ist! Jesus hat nicht nur Kunde vom Vater gebracht, er ist dem Menschen unmittelbar nahe gewesen: leiblich, leibhaft bis hinein in Tod und die Auferstehung! Sein Vermächtnis ist kein blutleeres Papier, sein Vermächtnis ist er selbst. Das feiert die Kirche – muss es feiern, das ist ihr Auftrag. Das geht nicht ohne Kirche, das geht nicht ohne Priester! Freilich sollten wir bescheiden werden, wenn wir auf Ihn schauen: unser Glaube ist nicht unser Verdienst; auch unsere Zugehörigkeit zur Kirche nicht, auch unser priesterliches Amt ist etwas, was wir nicht aus uns selbst heraus haben. In der Bescheidenheit und in der Dankbarkeit, die daraus resultiert, wird uns noch eines klar, etwas, was entscheidend zum heutigen Tag dazugehört: die Anbetung!

Augustinus sagt: niemand kann kommunizieren, ohne angebetet zu haben. Tun wir dies heute ganz bewusst im Hinschauen auf die Hostie auf Christus bei der Wandlung und in der Monstranz – aber auch jedes Mal, wenn wie die Hl. Messe feiern. Bitten wir ihn schließlich, dass auch wir gewandelt werden zu Menschen, die vertrauensvoll, gläubig und liebend durchs Leben gehen – ER geht mit uns!

XXI. Fronleichnam (II.) – verborgene Gegenwart

Bei Lebensmitteln möchten wir oft gerne wissen, wo sie herkommen, und schätzen es, wenn auch drin ist, was außen drauf steht! Reinheitsgebot. Wie ist das eigentlich mit unserm Glauben? Viele sind getauft – und viele davon ist der Glaube egal. Anderen ist er zwar nicht direkt egal, aber sehr viel hat er nicht zu tun mit dem eigenen Leben. Was ist dran, was ist drin am Christsein? Die Heilige Schrift wird hier deutlich: Sauerteig, Salz d. Erde, Frucht bringen...

Immer wieder neu müssen wir uns das selbst fragen, immer wieder wird das – Gottseidank – auch von andern eingefordert! Wo ist euer Christsein, wo zeigt es sich; was ist die Hoffnung, die euch trägt? Von wegen Christliches Abendland, Europa ist der einzige Kontinent, in dem das Christentum stetig abnimmt – nicht deshalb, weil mehr Muslime kommen. Peter Sloterdijk hat geschrieben: erstes heidnisches Jahrhundert nach Christus – und er legt noch eins drauf mit seinem jüngsten Buch, das den Titel trägt: NACH-GOTT. Der heutige Mensch ist „versucht, sein Leben hier auf Erden so zu organisieren, als gäbe es Gott nicht." (Papst Johannes Paul II.) Christsein kann man zu allererst nur, wenn man eine Beziehung hat zu IHM , zu Christus selbst. Papst Franziskus in EG: „Ich lade jeden Christen ein, gleich an welchem Ort und in welcher Lage er sich befindet, noch heute seine persönliche Begegnung mit Jesus Christus zu erneuern...

Ohne IHN kein Christentum! Und diese Beziehung geht im Gebet. Gott wohnt nur ein gebetweit von uns entfernt. Das Gebet wird zur Brücke zu Ihm. Solch eine Brücke ist auch die Liturgie, unser heutiges Fest: er Herr kommt selbst in unsere Mitte. Er ist die Mitte. Freilich: Da ist die bayerisch-barocke Tradition, dieses Fest zu feiern, mit all dem, was dazu gehört: beim wunderbarem frühsommerlichen Wetter, die Prozession, die Trachten, die Fahnen, die Blumen und Altäre, die Blasmusik, die Monstranz. Aber denken wir da ans Wesentliche, an das, an den, worum es geht, der uns jetzt ganz nahe kommt? Die kleine weiße Hostie in der Monstranz? Die wahre Gegenwart Christi in der unscheinbaren Form des Brotes? Der Grund unseres Feierns? Die wirkliche Gegenwart Christi – jetzt: ich bin bei euch, alle Tage bis zum Ende der Welt! Und vielleicht geschieht es dann, dass ich auch im Alltag achtsam sein kann für die verborgene Gegenwart des Herrn in meinem Leben in Freud und Leid, in Arbeit und Freizeit: Wie sagt Meister Eckehard: „Wenn du Gott in der Stallarbeit weniger hast, als im Hochamt, dann hast du ihn gar nicht"! So tragen wir das Allerheiligste hinaus in unsere Ortschaften, hinein in die Welt, in unser Leben – jeder von uns – nicht damit das Heilige weltlich wird, sondern, dass die Welt heilig und heil wird. Christsein: Lebensmittel für die Welt.

XXII. Aufnahme Mariens in den Himmel (15.8.) – Trostbild

In der Hofburg zu Wien kann man die ganze Pracht des Heiligen Römischen Reiches bewundern, vielmehr das, was von der Epoche übrig blieb. Krone und Reichsschwert, Reichsapfel, die Heilige Lanze, die Krönungsornate der Stauferkaiser. Auch wenn alles noch wunderbar funkelt, es sind die Kleinodien einer untergegangenen Welt. Am 6. August 1806 geschah die Niederlegung der Kaiserkrone durch Franz II, der sie zuletzt trug. Ein jähes Ende des Alten Reiches, das, wenn man ideengeschichtlich den Mitinitiator Karl den Großen zum Ausgangspunkt nehmen, knapp tausend Jahre währte. Am Weihnachtstag des Jahres 800 bekam er die Krone in der alten Peterskirche aufs Haupt gesetzt. Nun war es mit dem landgierigen Napoleon endgültig totgetreten und die Landesgrenzen durcheinander gewirbelt worden.

Auch für Bayern, das nun aus Napoleons Gnaden vom Kurfürstentum zum Königreich avancierte, hatte das Konsequenzen. Die Armen konnten von der bayerischen Krone nicht herunterbeißen, das Land war „ausgezuzelt" wie eine Weißwurst. Es gab viele Klöster durch die Säkularisation nicht mehr, die Bedürfte unterstützt hätten. Geistliche Fürstentümer und die Prälatenklöster wurden enteignet, der neue Staat erhoffte sich Bares, Goldenes und Immobiles.

Selbst vor Gotteshäusern hatte man keine Respekt. Der Freisinger Dom etwa sollte nach Meinung des Grafen Mongelas zu einem Bierkeller umgewandelt oder lieber gleich abgerissen werden. Vorsorglich schnitt man das Hochaltarbild aus dem Rahmen, um es in Sicherheit zu bringen. Von dem ehrwürdigen romanischen Dom und seinem barocken Kleid im Innern aus der Hand der Gebrüder Asam hielt man offensichtlich nicht viel. Eine apokalyptische Zeit für Klöster, Kirchen, Kunst allenthalben. Der aufklärerische Wind brachte Not und Orientierungslosigkeit nach Bayern. Eine trostlose Zeit?

Zurück zum evakuierten Bild des Hochaltars. Es zeigt dem Betrachter die sogenannte apokalyptische Frau und hängt heute wieder als Kopie im Freisinger Hochaltar. Es zeigt nicht das schöne Marienbild der Gotik, es zeigt uns Maria, in der Gestalt der siegreichen Frau, die einem Ungeheuer, dem Drachen den Garaus macht, der sie und vor allem das Neugeborene tödlich bedroht. Ein Bild, zu dem man durch die Geschichte hindurch Zuflucht genommen hat. Als dieses barocke Bild bei Meister Peter Paul Rubens in Auftrag gegeben wurde, währte der Dreißigjährige Krieg. Eine apokalyptische Situation mit Hungersnöten, Seuchen, brandschatzenden Schweden, Glaubensverwirrung bei vielen Menschen. So wurde ein Trostbild gesucht und gefunden in dieser Frau mit dem Kind. Scheinbar Schwaches erweist sich den Mächten des Unheils und des Todes gegenüber als stärker. In der Lesung aus der Offenbarung des Johannes zum heutigen Festtag klingt uns die Stelle im Ohr. (vgl. Offb 12,1-6)

Die Geschichte von der Frau, dem Drachen und dem Kind ist vorchristliches Gedankengut, vom Schreiber der Geheimen Offenbarung, dem Johannes auf Patmos, aufgegriffen und hineingeworfen als Rettungsanker im Meer des Chaos. Man schreibt das Ende des 1. Jahrhundert nach Chr. Es ist eine der grausigsten Zeiten der Christenverfolgung im Röm. Imperium. Domitian, der sich als „Kyrios kai soter“ (Herr und Heiland) ansprechen lässt – lässt alle Andersdenkenden ausmerzen. Wer der Drache ist nun klar gekennzeichnet: Rom und der Kaiser. Aber – so tröstet Johannes – weil das Kind, der Messias, dem Drachen letztlich doch nicht zum Opfer fiel, dürft ihr Hoffnung haben. Auch wenn ihr jetzt in Bedrängnis seid, wenn Rom sich noch so wild gebärdet – die Heilszeit kann nicht mehr vernichtet werden.

Das gerettete Kind, die machtvolle Frau – ist Gottes Versprechen, dass keiner am Leben verzweifeln muss. Auch wenn es Durststrecken, Chaotisches, und Apokalyptisches im Leben gibt. Der Drache, kann oftmals unüberwindlich erscheinen mit sieben Köpfen und zehn Hörnern und mit vielen Fratzen auftreten als Resignation, Krebs und Alzheimer, als bohrender Zweifel, als Schuld und als Angst – die Bedrängnis wird nicht das Letzte sein! Nicht einmal der Tod kann seinen Stachel behalten.

Das ist der Inhalt des heutigen Festes: an Maria wurde es exemplarisch und erstmalig deutlich: sie ist in der Herrlichkeit des Himmels aufgenommen worden. Sie ist dort auch eine machtvolle Fürsprecherin in den Wirrnissen unserer Zeit – vertrauen wir darauf!

XXIII. 2. Sonntag im Jahreskreis (C) – Quellen der Freude

Heutzutage ist es kaum mehr eine Schwierigkeit, sich an große Ereignisse unseres Lebens zu erinnern! Filme und Fotos, Geschenke lassen plötzlich Erinnerungen wach werden. So wird es Ehepaaren ergehen, die an ihrem Hochzeitstag etwa die Hochzeitsalben oder Filmaufnahmen mit glänzenden Augen betrachten. Aber auch ohne Technik werden sich mit Sicherheit die Eheleute aus der berühmten Hochzeit zu Kana erinnert haben. Wir erfahren zwar nichts Genaueres über die Beinahe-Blamage als bei dem Fest der Wein ausging. Bei einem 7-tägigen Fest konnte das schon einmal geschehen – dennoch wäre insbesondere für das Hochzeitspaar eine prekäre Lage entstanden.

Freilich dürfen wir das Geschehen, das Wunder, das Jesu hier zu Beginn des Johannesevangeliums und zu Beginn seines öffentlichen Wirkens im 4. Evangelium wirkt, nicht naiv und vordergründig sehen, als ob das Ereignis nur um der Sensation willen überliefert wäre, wenn Jesus 6-800 Liter Wasser zu Wein verwandelt! Als einst ein recht skeptischer Zeitgenosse zum großen Kirchenvater Hieronymus, dem Bibelübersetzer des 4. Jahrhunderts, der in einer Höhle in Bethlehem die Heilige Schrift ins Lateinische übertrug, kam und bezüglich der Hochzeit zu Kana seine Zweifel anmeldete. „Das ist ja eine unglaubliche Menge Wein!“ – kam die Antwort Hieronymus prompt: „Allerdings. Wir trinken ja heute noch davon.“

Mit Jesus Christus, seinem Leben, seinem Tod und seiner Auferstehung ist eine neue Qualität, eine hochzeitliche Größe in die Welt gekommen, eine immer noch fortdauernde festliche-hochzeitliche Dimension. Indes ist Jesus nicht dem griechischen Gott Dionysos oder dem römischen

Pendant Bacchus, dem Gott des Weines gleich zu setzten, wenn an dessen Fest, das man am 6. Januar feierte, in einigen der ihm geweihten Tempel Wein ausgeschenkt, von dem es hieß, es handle sich um das vom Weingott verwandelte Wasser.

Im Nordwesten des Peloponnes pflegte man überdies am Vorabend des Festes drei leere Krüge im Heiligtum des Gottes aufzustellen. Anschließend wurden die Türen verschlossen, und am andern Morgen fand man die Krüge mit Wein gefüllt vor. Bei all den antiken Vorbildern, die der Evangelist sicher gekannt hat, möchte er Jesus mit Sicherheit nicht auf der Ebene eines antiken Gottes sehen. Es geht ja zuallererst um die Hochzeit als geeignetes Bild für den Beginn und den eigentlichen Inhalt des Wirkens Jesu. Freude, Fest, Feier – Vermählung von Himmel und Erde, von Gott und Mensch. Das ist Grund zur Dankbarkeit und zur täglichen Feier.

Das Bild der Fülle, die uns im Wort, das Fleisch geworden ist, in Jesus geschenkt ist. Es ist auch ein Bild des Glaubensweges und Glaubenslebens. Die Anfänge – wie bei einer Hochzeit – vermitteln eine Situation des „Schwebens“, der Leichtigkeit, des Hochgefühls. Doch dann geht eben der Wein aus! Der Alltag kommt, die Realität holt auch die fröhlichste Hochzeitsgesellschaft ein – auch das glücklichste Brautpaar. Und das jetzt übertragen auf unser Glaubensleben: Zeiten der Dürre, der Kraftlosigkeit, der Entmutigung stellen sich ebenso ein wie Zweifel, Glaubensferne, Krankheit und Tod. Es droht der Saft des Lebens, die Kraft des Lebens zur Neige zu gehen. Jeder kennt solche Erfahrungen – der Wein des Glaubens scheint bis auf den letzten Tropfen zusammen geschrumpft zu sein. Solche Zeiten gehören im Glauben dazu – sie sind nicht so sehr Notfall sondern Normalfall. Das Glaubensleben ist auf Wachstum und Reifung angelegt; hier gilt es, nicht das Beten aufzugeben, noch mehr Gott zu suchen, auf ihn hören. Am Ende, wenn oft gar nichts mehr zu gehen scheint, stößt uns jemand an! Bleib dran, Gib nicht auf, kämpfe weiter – Die Lehrmeisterin im Glauben, Maria, sagt auch uns: „Was ER euch sagt, das tut!“ Das ist herausfordernde und bleibende Aufgabe der Kirche!

Es ist, wie wenn jemand die scheinbar versiegten Quellen in meinem Innern wieder zum Fließen bringt. Wenn ich bereit bin, auch das Tote, das Verwundete, das Verdorrte, das Nicht-Gelebte – mein Lebens-Wasser eben, ihm zur Verwandlung anzubieten. Wer die großartige Erzählung so liest, sieht sich unversehens selbst in diese Geschichte verwoben, so, als seien wir damals dabei gewesen. So wie uns das in den Brüdern Karimas von Dostojewskij eindrucksvoll geschildert wird. Aljoscha, einer der Protagonisten in diesem Roman, hört zu ersten Mal in seinem Leben diese Stelle: und er siehst sich selbst mitten in der Szene zu Kana persönlich angesprochen: „Komm doch Jüngling, auch du bist eingeladen...öffne deine Augen, komm doch her, und nimm an unserer Freude teil" und versteht: „ER hat Wasser in Wein verwandelt, damit die Freude der Gäste nicht aufhören. Neue Gäste erwartet er, ununterbrochen lädt er neue ein...bis in Ewigkeit." (7.Buch)

Ich wünsche uns allen diese hochzeitlichen Erfahrungen immer wieder in kargen und dürftigen Zeiten, möge wir diese Verwandlung spüren, die vor sich geht, wenn wir dem Herrn unser scheinbar wässriges Leben anbieten in der festen Zuversicht und Hoffnung, dass er daraus den besten Wein für unser Leben wirke.

XXIV. 3. Sonntag im Jahreskreis (C) - Glaube in der Krise

Das Leid sei der „Fels" des Atheismus – so formuliert der Autor Georg Büchner. Eigene Erfahrungen lassen sich hier wohl dazulegen. Wie gehen Leid und die Rede vom guten Gott zusammen? Gott und das Erdbeben, die vielen Toten, Katastrophen aller Orten. Warum lässt Gott das zu? Die einen sehen es als Beweis gegen die Existenz eines guten Gottes, andere verdrängen die Thematik, wieder andere sagen, es gibt keine Antwort darauf! Elie Wiesel, der jüdische Schriftsteller und KZ-Überlebender erzählt aus der Zeit der Konzentrationslager: drei Juden seien in einem KZ aufgehängt worden – darunter eine kleiner Junge. Der Bub hatte einen unendlich scheinenden Todeskampf zu erleiden. Einer der Zwangszuschauer fragte leise: „Und, wo ist hier Gott? – Ein Zweiter flüsterte: ER hängt dort oben am Galgen in dem kleinen Jungen“ (Elie Wiesel, „Die Nacht“).

Glaubensanfragen, Glaubenskrisen bleiben uns nicht erspart. Sie blieben gerade dem auserwählten Volk, dem Volk Israel nicht erspart. Die Bibel ist voll von solchen Erfahrungen. Eine der größten Krisen war die Verschleppung, Verbannung der Menschen aus dem einst versprochenen Land Kanaan in die völlige Fremde, nach Babylon. 587 v. Christus findet das seinen vorläufigen Höhepunkt, was schon vor Jahrhunderten dem Nordreich Israel geschehen ist! Es wird aufgerieben im Kampf der Großmächte – Ägypten, Assyrien und den Babyloniern. Nicht mehr viel blieb übrig von jenem 12-Stämme-Volk, vom glanzvollen Königreich Davids und seines Sohnes Salomon. Und was die schlimmste Erfahrung war, nichts blieb übrig vom Identität stiftenden Tempel Jerusalems. Steinerner Zeuge der Gegenwart, der „Schechina“ des Herrn. Verbrannt, Vernichtet, ausgelöscht. Eine Katastrophe, die insbesondere den Gottgläubigen zu schaffen machte! Wie konnte Gott, der sein Volk aus den Knechtschaft Ägyptens befreit hat, ihm eine blühende Existenz im gelobten Land bereitete, es jetzt so schmählich im Stich lassen?

Beredt ist der Psalm 79: „Gott die Heiden sind eingedrungen in dein Erbe, sie haben deinen heiligen Tempel entweiht und Jerusalem in Trümmer gelegt...wie lange noch, Herr? Willst du auf ewig zürnen?“ Immer aber verblieb ein Hoffnungsrest! Vor allem Jerusalem wurde im babylonischen Exil von einigen nicht vergessen! „An den Strömen von Babel, da saßen wir und weinten, wenn wir an Zion dachten“ mir möge die Hand verdorren, wenn ich dich je vergesse, Jerusalem. So beteten sie im Psalm 137 Als sich die Sehnsucht, die Gebete erfüllten – waren fast 50 Jahre vergangen. Die Perser sind als neue Machthaber ins Land der Babylonier gezogen. Schah Kyros II erlaubt 538 v. den Juden die Heimkehr. Er stellt sogar Gelder aus seiner Schatulle für den Wiederaufbau des Tempels des Tempels bereit. Jeder kann sich vorstellen, was wirkliche geschah: die Begeisterung der neuen Möglichkeit hielt sich in sehr bescheidenen Grenzen! Die Jungen waren heimisch geworden – die Alten waren nicht mehr in Lage, den beschwerlichen Umzug auf sich zu nehmen.

Und überhaupt- fruchtbare Land zwischen Euphrat und Tigris schien allerhand mehr zu bieten zu haben, gerade für die jungen Leute, als das zugige und zerstörte Bergdorf Jerusalem. Auch das übrige Land war jetzt durch andere Menschen schon besetzt. Auch die großen Hoffnungen, die man an die Errichtung des neuen zweiten Tempels knüpfte, erfüllten sich nicht!

„Als der Grund für den neuen Tempel gelegt wurde, weinten viele von den Priestern und Leviten…die Alten, die den ersten Tempel gesehen hatten…" so heißt es im Buch Esra. Juda und Jerusalem wurde also unter den Persern eine kleine, unbedeutende Provinz und blieb es für lange Zeit. Auch in der Rückkehr stellte sich so leicht kein Glücksgefühl ein. Genau das bildet den Hintergrund der heutigen Lesung aus dem Buch Nehemia. Nehemia der Statthalter und Esra, der Priester, versuchen nach allen Kräften, wieder so etwas wie Ordnung, Struktur, Leben und Gottesdienstliche Feier zu organisieren. Denn auch nach der Rückkehr der allzu Wenigen bleiben Fragen offen: was ist nun zu tun, wie geht es weiter, was hat das alles mit Gott zu tun? In der Tat, es nun muss den Menschen eine neue Verständnishilfe geboten werden: Esra hilft den Einwohnern Jerusalems zu verstehen, was es um Israel ist und was es um seinen Gott ist, indem sie in ihrer kargen und dürftigen Zeit das Gedächtnis der alten Taten ihres Gottes wach halten und für einen Neuanfang fruchtbar machen. Erinnern an die früheren Heilstaten Gottes ist richtig –falsch allerdings das Lamentieren über verlorene Zeiten – im Sinne: früher war alles besser!

Zum Heulen war ganz etwas anderes: Israel hat in seiner Geschichte oftmals Gott vergessen. Ja, es war tatsächlich ein trauriges Kapitel, tatsächlich zum Heulen und Weinen; „als sie die Worte des Gesetzes hörte, weinten alle." Wie weit waren sie doch entfernt von den Geboten Gottes – von Gott! Denn – da sollte sich niemand täuschen: selbst die beeindruckenden Riten der großen Feste, als es den Tempel noch gab, konnten nicht darüber hinwegtäuschen, dass man sich schon längst von Gott entfernt und seinen Willen in vielem missachtet hatte. Immer wieder mussten die Propheten vor dem Hineinrennen in die Katastrophe warnen – zumeist vergeblich.

Aber immer wieder ist es Gott selbst, der den Menschen auffängt, anstößt, einen Neuanfang wagt - und dies nicht mit Drohgebärden – gerade das Auslegen, die Erklärung der Schrift, wie wir es im Buche Nehemia hören, zeigen, dass die Therapie Gottes eine andere ist: wer Gott wirklich sucht, kann ihn finden – auch in ganz aussichtlosen Situationen. Gott begegnet uns – dies darf uns immer wieder mit Freude erfüllen, wenn wir insbesondere aufhören, Gott vorschreiben zu wollen, wie er zu sein habe und wie er sich zeigen müsse!

Es kann und darf uns die Freude darüber genügen, dass er sich finden lässt. Die Sorge um Gottes Sache, die scheinbar verloren ist, darf niemals Oberhand gewinnen: damals im alten Israel und heute für uns Christen gilt die Aufforderung des Priesters Esra: „Macht euch keine Sorgen, denn die Freude am Herrn ist eure Stärke“ (Neh 8, 10).

XXV. 7. Sonntag (A) – bleibende Herausforderung

Die Dichterin Gertrud von Le Fort ist leider zu Unrecht fast in Vergessenheit geraten. Eine Novelle, die ich besonders ergreifend finde, führt den Leser in die Zeit der Katholischen Könige in Spanien, es die Zeit der Reconquista. Alle Hebräer müssen sich taufen lassen oder müssen das Land verlassen. Der ehrgeizige Erzbischof von Santa Rosita und der jüdische Arzt Charon Ben Israel sind die beiden Antagonisten. Auch Letzterer stand gerade im Begriff, die Stadt mit seiner Tochter Jephta zu verlassen, da erreicht die furchterregende Pest den Ort. Die Stadtväter wollen den berühmten Arzt unbedingt in ihren Mauern halten. Der Erzbischof allerdings bekommt Wind davon und herrscht den Arzt mit den Worten an: „Du wirst verstanden haben, dass alles, was du den Vätern der Stadt versprochen hast, null und nichtig ist.“ Charon – im inneren Triumph über den offenkundigen Untergang seiner Feinde: er habe nichts versprochen. Erzbischof: „Du freust dich wohl, elender Jude, den Vätern der Stadt deine Hilfe zu versagen, denn du und die Deinen hassen alle, die sich nach unserm Heiland benennen. Wärest du ein Christ, so würdest du es beklagen, denen nicht helfen zu dürfen, die du für deine Feinde hältst.“ Der Arzt kontert: „lieben die Christen die, welche sie für ihre Feinde halten?“ Erst am Ende der Erzählung, als der schwarze Tod schon furchtbar gewütet hat, gibt der Erzbischof dem Juden die schuldige Antwort: „Nein, sie lieben sie nicht, aber künftig werden sie sie lieben... im jüngsten Gericht wird man nicht nach der Rechtgläubigkeit fragen, sondern nach der Liebe und Barmherzigkeit“ (Gertrud v. Le Fort, Die Tochter Jephtas).

Die Bergpredigt ist und bleibt eine ungeheure ethische Herausforderung, um nicht zu sagen Höchst- und Überforderung. Kierkegaard: Christentum nicht nur Tröstung vielmehr eine Herausforderung! Die Nächstenliebe ist schon schwer, umso mehr die Feindesliebe! Die Bergpredigt ist ein maßloses, immer das Gängige überschreitende und überbietendes Manifest. Jesus löst die alten Schemata – wie du mir, so ich dir – Aug um Aug, Zahn um Zahn, den Rachegedanken schlechthin – auf.

Wir wissen, wohin dies führt: zu einem Schlagabtausch, bis einer aufgibt, oder vernichtet ist. Die kleinen Kriege im Privaten – „na warte, das kriegst du zurück!“ Jetzt das Programm – Lebensprogramm Jesu! Der Feindschaft endlich ein Ende setzten. Nicht nur theoretisches Programm: Bergpredigt und hier besonders: in die Tat umgesetztes Programm. Bis hin zur Lebenshingabe – Liebe, die sich im Vergeben verschenkt. Der Gott, den Jesus verkündet, ist der Gott der Schöpfung, des Menschen – aller Menschen! Der das alte Bild von Kain und Abel, dem Brudermord, dem Freund-Feindschema überwindet. Insbesondere im Dialog mit den Religionen, mit dem Islam muss das zu Geltung gebracht werden. Aber die Bergpredigt und deren Gedanken kann man nicht verordnen nicht in ein Gesetz fassen, denn sie übersteigt das juridische Denken – überspringt Mauern und kann nur im Herzen des Menschen Raum finden! In dem Maß, dem wir Jesus Christus in unserm Herzen Raum und Maß geben! Wir werden darin niemals an ein Ende kommen oder gar perfekt sein, aber im Sinne der letzten Wort des Evangeliums, sollen wir vollkommen sein, wie Gott, der für Alle in seinem Herzen Platz hat, der es regnen lässt über Gute und Böse, der seinen Bund geschossen hat mit allem, was lebt!

XXVI. 12. Sonntag im Jahreskreis (A) – furchtlos sein

Wechselbad nennt Pfarrer Kneipp die rasch wechselnde Anwendung von warmem und kaltem Wasser bei Güssen und Bädern. Was für den Körper gesund ist, muss nicht auch der Seele gut tun. Freude und Trauer, Hochs und Tiefs im Leben in rascher Folge, können zu einer schweren Belastung werden. Schon wer hoch hinaus kommt, kann alsbald tief unten sein. Sportler oder Politiker gefeiert, umjubelt, hochgelobt und dann aufgrund irgendeines Ereignisses gestürzt und vergessen. Schnell scheidet sich dann die Spreu vom Weizen; die wahren Freunde bleiben, um die andern die sich aus dem Staub machen bei solchen Situationen ist es nicht schade. „Das Bekenntnis beginnt, wo der Beifall aufhört"! (Bischof Lettmann)

Von Anfang an eignet dem Christlichen Glauben der Bekenntnischarakter. Was bei Jesus abzulesen ist: die anfängliche Euphorie, der so genannte „Galiläische Frühling" mit Zuspruch, Beifall und großer Anhängerschar und die Erfahrung, dass es alsbald ins Gegenteil umschlägt: Kopfschütteln, Ablehnung, Alleindastehen. Von hier wird das Matthäus-Wort von heute deutlich: „Wer sich vor den Menschen zu mir bekennt, zu dem werde ich mich vor meinem Vater im Himmel bekennen.

Auch diese Wirklichkeit gehört zur Nachfolge: die Berufung, dass Jesus persönlich ruft, dass er uns anspricht ebenso die Verheißung, dass die Ernte groß ist und die Tatsache, dass es die Treue braucht, dass es schwierige Zeiten gibt und geben wird, wo das Bekenntnis zu Christus Mut, Furchtlosigkeit, Leidensfähigkeit verlangt. Das ist ein Phänomen durch die Kirchengeschichte hindurch.

Das haben die Apostel ebenso erlebt wie etwa ein einfacher Bauer wie der Österreicher Franz Jägerstätter, der vor nicht allzu langer Zeit seliggesprochen wurde. Am 9. August 1943 wurde Jägerstätter als Staatsfeind enthauptet. Er hatte wiederholt verweigert, den militärischen

Eid auf Hitler abzulegen – nicht aus pazifistischen vielmehr aus religiösen Gründen. „Man muss Gott mehr gehorchen als den Menschen!“

Der Weinberg des Herrn, in dem wir stehen und wirken dürfen, gleicht halt doch oft mehr einem Steinbruch. Wer Christus nachfolgen möchte, steht nicht notwendig auf der Seite des Erfolgs. – „Erfolg ist keiner der Namen Gottes“ In Zeiten wie den unseren, wo zwar Bekenntnisfreiheit gewährt wird, wo man aber immer wieder versucht, das religiöse Bekenntnis ins rein Private zu verbannen – Versuch der Grünen, aus einem falsch verstandenen Toleranzbegriff heraus, alle religiösen Zeichen – auch das Kreuz aus den Schulen verschwinden zu lassen.
Gerade dann scheint es an der Zeit, furchtlos den Mund aufzumachen und zu protestieren. „Nichts riskieren heißt, seine Seele aufs Spiel setzen.“ (Kierkegaard)

Wenn wir den Glauben nicht mehr leben, wenn wir den Sonntag nicht mehr heiligen, wenn uns die Feiertage nur lediglich freie Zeit bedeuten ohne Inhalt, wenn Kinder nicht mehr im Glauben erzogen werden, hilft mit Sicherheit auch keine 55m hohe Christusstatue auf dem Predigtstuhl!

Wir dürfen uns aber bewusst sein, dass der Herr bei uns ist – so wie das in der fast aussichtlosen Situation des Propheten Jeremia der Fall war, der aber fest auf Gott vertraut: „Der Herr steht mir bei, wie ein gewaltiger Held. Denn dir habe ich meine Sache anvertraut“ (vgl.Jer 20,10-13). Jesus selbst schreibt uns ins Stammbuch: Fürchtet euch nicht, ich bin bei euch, alle Tage, bis zum Ende der Welt. (vgl. Mt 28,20).

Menschen, die wissen, wer und was sie trägt, können sehr viel Mut entwickeln. Erbitten wir den Mut zum Bekenntnis, entdecken wir aber auch neu die Kraft der kirchlichen Gemeinschaft, die trägt und hält und uns angstfrei aufbrechen und senden lässt.

XXVII. 28. Sonntag (C) - Dankbarkeit

Die Wörter „Bitte" und „Danke" kennen wir von klein auf und wir praktizieren sie wohl auch. Bei der jüngeren Generation muss man hier schon manchmal Zweifel haben: Die Oma fragt die Enkelin: „was habt ihr heute in der Schule gelernt? – wir haben heute gelernt, wie man auf Englisch ‚Bitte' und ‚Danke' sagt. So, sagt die Oma, dann kannst du ja jetzt auf Englisch mehr sagen als auf Deutsch!" Die Schule tut sich schwer, ähnlich wie beim Grüßen, im Elternhaus Versäumtes aufzuholen. Wie dem auch sei: bereits der russische Schriftsteller Dostojewskij definiert den Menschen als „undankbaren Zweibeiner":Das Gute, das ihm widerfährt nimmt er als selbstverständlich, nachgerade als Anspruch zur Kenntnis, während er sich gleichzeitig lautstark über das Schlechte im Leben beklagt. Zumeist kann er ja auch immer einen anderen als „Schuldigen" ausmachen. Die Medien sind ja voll davon – und manchmal auch unser Herz. Ein allzu menschliches Phänomen, das uns im Evangelium des Lukas – und das gibt es nur beim ihm - an diesem Sonntag begegnet.

Wir können uns wohl die Stimmung Jesu vorstellen, als ein einziger, noch dazu ein von den Juden ausgegrenzter Samariter, zum Danke-Sagen zurückkehrt. „Wo sind die übrigen neun"? „Es sind doch alle zehn rein geworden." Es ist doch beileibe keine Selbstverständlichkeit, wieder nach der Heilung vom Aussatz unter den Menschen, unter den Lebenden zu sein. Freilich steht es uns nicht zu, allzu überheblich auf die zu blicken, die es nicht für nötig hielten, ein Wort des Dankes zu sagen. Denn gleichen wir nicht selbst zuweilen, vielleicht sogar sehr oft, gerade ihnen, den neun Undankbaren – 90%? Allzu unbedacht nehmen wir die Chancen des Lebens in Anspruch, ohne uns zu fragen, woher sie kommen und wem wir sie letztlich zu verdanken haben.

Gleichwohl gibt es täglich, stündlich Gründe, dankbar zu sein: für ein gutes Gespräch, einen schönen Tag, ein Lächeln, eine Umarmung, ein Willkommensgruß, ein Neuanfang nach einer schweren Krankheit. Eine Aussöhnung. Das schlechte Gedächtnis – das die neun Aussätzigen an den Tag legen – macht sie stumpf, macht letztlich das Leben finster. Das gute Gedächtnis – in Person des Samariters, macht in fähig, das Leben mit neuen Augen zu sehen. Neu ins Leben durchstarten – so wie es Jesus dem Geheilten zuruft: Geh! Dein Glaube hat dir geholfen!

Das Gehen, Weggehen ist entscheidend. Jesus macht nicht abhängig, vielmehr entlässt er ihn in die neue Welt, in seine neue Welt. Es wird wohl die Welt sein, der er künftig anders gegenübertritt. Denn die Dankbarkeit ist der Schlüssel zu einem erfüllten Leben, ein Schlüssel, den der Undankbare achtlos weg legt und sich dadurch um den wahren Reichtum des Daseins betrügt. „Dankbarkeit ist das Gedächtnis des Herzens" – so sagt es Kyrilla Spieker. „unsere Tage zu zählen lehre uns, dann gewinnen wir ein weises Herz!" heißt es im Psalm 90. Die Dankbarkeit muss immer neu eingeübt werden – wie Musik und Sport und das Beten. Jeden Abend: zurückblicken auf den Tag – wofür möchte ich danken; was war ganz und gar nicht selbstverständlich, den geschenkten Tag – Gott zurückgeben und den neuen Tag erbitten. Der eine Mensch, der dankbar zurückgekehrt ist, er ist nicht nur gesund, er ist auch heil geworden.

XXVIII. 33. Sonntag im Jahreskreis (B) – Ende als Beginn

Mit den Ängsten von uns Menschen lässt sich trefflich hantieren.
Bis zu Hysterie hat sich das vor vielen Jahren schon ausgenommen, als kein Tag ohne das Wort BSE verging. Keiner traute sich mehr, auch nur einen Faser Rindfleisch zu sich zu nehmen. Heute fragen wir uns wer denn in der Tat die Rindviecher waren?

Als ich nach dem Anschlag auf das World Trade Center in New das Oktoberfest besuchte, war es halb leer aus Angst, einem erneuten Terroranschlag zum Opfer zu fallen. Beispiele ließen sich genügend anführen bis in die Diskussion mit der sog. Schweinegrippe unserer Tage. Ängste sind nicht nur einfach da – das auch, aber sie werden vor allem erzeugt. Man kann ja aus ihnen Profit schlagen im weitesten Sinne. Auch im Bereich der Religion kann das der Fall sein!

Gerade im Bereich was die letzten Dinge anlangt –die Theologie spricht von Eschatologie und meint damit nicht weniger altertümliche Begriffe wie Himmel, Hölle , Fegefeuer. Ist hier nicht besonders das Fegefeuer und die Hölle den Gläubigen im wahrsten Sinn des Wortes heiß gemacht worden? Als brutale Folterkammer, als ein jenseitiges KZ für alle Übeltäter der Weltgeschichte? Die Angst, in die Hölle zu kommen, den Fängen des Teufels ausgeliefert zu werden, war allgegenwärtig – manchmal spürt man das noch in so manchen Gesprächen mit älteren Menschen. Aber ein angstbesessenes Christentum ist exakt das Gegenteil von dem, was es eigentlich sein sollte: ein Raum der Ermutigung, der Geborgenheit. Ein Gott, der dem Menschen ganz nahe ist – besonders in dessen Schwächen, Grenzerfahrungen, aber auch in der Schuld.

Aber – so möchte mancher einwenden, werden wir nicht in den Texten der Bibel eines anderen belehrt? Heute im Evangelium etwa – ist da nicht von den Auserwählten die Rede, von Drangsal, von Chaos und irdischen Katastrophen? „Das Ende steht vor der Tür!“ Von welcher großen Not spricht hier der Evangelist?

Es war eine ganz konkrete! Genau 66 n. Chr. brach in Galiläa ein Aufstand aus. Die Zeloten konnten es nicht mehr mit ansehen, wie der Tempel von Jerusalem geschändet wurde. Im Jahre 40 n. Chr. hat Kaiser Caligula sein eigenes Standbild im Allerheiligsten des Jerusalemer Tempels aufstellen lassen! Man sah es in jüdischen Kreisen als erwiesen an, dass jetzt die messianische Zeit angebrochen sei. Die ersten Siege gaben den Juden wohl recht. Doch Rom ließ nicht mit sich spaßen – es entsandte den Kaisersohn Titus! Im September 70 fiel Jerusalem – eine tausendjährige Geschichte ging zu Ende. Es gab von da an keinen Tempel mehr. In einem Relief innerhalb des Titusbogens zu Rom kann man die erbeuteten Stücke – etwa die Menora, den siebenarmigen Leuchter, den die Römer mit in die Hauptstadt brachten, erkennen.

Dieses geistige, religiöse Erdbeben hatte Nachwirkungen, die spürbar sind bis hinein in die Evangelien. Die Gemeinde, für die der Evangelist Markus aus Rom schreibt, ist schon aus Jerusalem geflohen! Es ist apokalyptische Zeit, mit vielen Glaubenszweifeln und irdischen Ängsten. Aber dagegen schreibt nun Markus an. Es ist also nicht ein Text, der das Weltenende, am Ende aller Tage ankündigt oder beschreibt, oder zeitlich festlegt. Es sind Worte, die den Begriff Evangelium entsprechen: Frohbotschaft. Mitten in der damaligen Chaoszeit gilt es einzig und allein auf Jesus zu schauen, zusammen zu halten, zu beten, zu hoffen, die Ohnmacht auszuhalten.

Und auch für alle Zeiten gilt: angesichts so manchen chaotischen Zuständen in Welt, Kirche und im privaten Bereich, es gibt einen letzten Halt, einen unendlichen Trost. Es gibt Christus, der uns mutig voranschreiten lässt. Die große Heilige Katharina von Siena sagt es drastisch: „Alles muss bis auf den Grund zerstört werden, damit Neues werden kann“. Am Ende steht nicht Tod, Angst und Vernichtung – am Ende steht der Neuanfang, das Leben, das der schenkt, der Alpha und Omega ist: Der Herr!

XXIX. 33.Sonntag im Jahreskreis (B) - Volkstrauertag

In den ersten Novembertagen des Jahres 1943 ereignete sich eine beispiellose Rettungsaktion: die Kunstschätze der weltberühmten Abtei von Montecassino in Italien wurden in 120 Lastwägen in den Vatikan gebracht. In 700 selbstgezimmerten Kisten wurden allein 70 000 Bücher, alte Pergamente, mittelalterliche Handschriften, wertvolle Buchmalereien in allergrößter Eile verfrachtet.

Von den Gemälden, den sakralen Gegenständen aus Gold und Silber, die auf Initiative des Obersten Julius Schlegel in die Ewige Stadt gerettet wurden, ganz zu schweigen.

Montecassino - wie eine Akropolis erhebt sich heute die Benediktinerabtei 520 m hoch über dem flachen Land auf halbem Weg zwischen Rom und Neapel. Offensichtlich galt der Ort immer schon als heilig! Als der hl. Benedikt sich dorthin aus Subiaco flüchtete, war um das Jahr 529 noch ein Jupitertempel in vollem Betrieb. Und das gut 200 Jahre, nachdem das Christentum im Römischen Reich hoffähig geworden war!

Mit der Klostergründung von Montecassino beginnt eine ganz neue Epoche! Im gleichen Jahr wird in Athen die berühmte platonische Akademie, die der Philosoph 385 v. Chr. Gegründet hat, geschlossen. Das Altertum, die Antike nimmt Abschied, das Mittelalter bahnt sich den Weg! In der Tat prägt wie kein Zweiter der Hl. Benedikt dieses Zeitalter. Prächtige Abteien im ganzen Abendland entstehen – auch in Bayern: Benediktbeuern, Tegernsee, Wessobrunn, um nur die ältesten zu nennen.

Kulturträger waren sie – erste Schulen überhaupt in Deutschland für Lesen und Schreiben- so konnten auch begabte Bauernbuben die geistliche Laufbahn einschlagen. Kenntnisse in der Landwirtschaft machte die Benediktiner zu Vorbilder in Ackerbau und Viehzucht. Bald suchte die ländliche Bevölkerung die Klöster auf, um sich in medizinischen Fragen und Nöten Rat zu holen. Dass die Mönche auch später Bier gebraut haben, auch den Wein nicht verabscheuten, nie weltfremde Asketen waren, verdanken sie dem maßvollen Regelwerk ihres Ordensheiligen.

In Montecassino soll er sie verfasst haben, die „regula sancta“. Nicht umsonst war dort das Mutter- und Musterkloster. Vor allem aber wurde es zum Symbol unzerstörbaren Lebenswillens. Noch im Gründungsjahrhundert wurde es von den Langobarden zerstört. Nach dem Wiederaufbau konnte es auch der Schutz der Karolinger - selbst Karl der Große besuchte die Abtei – nicht verhindern, dass erneut im Jahr 883 die Sarazenen in Montecassino keinen Stein auf dem andern ließen. Und noch einmal erlitten Abt und Konvent nach einer Zeit großer Blüte wiederum einen Schicksalsschlag, als ausgerechnet im ersten Pestjahr 1349 ein Erdbeben ihre Abtei zertrümmerte. Als ob das nicht schon genug wäre, kam ein viertes Mal vor gut Sechzig Jahren im Frühjahr 1944 eine weitere unglaubliche Zerstörung zur Vita diese benediktinischen Ortes hinzu. Das was Oberst Schlegel, ein kunstsinniger Mann, zunächst auf eigene Kappe nehmend, mit seiner Evakuierung der Kunstschätze in Absprache mit dem zunächst zögerlichen Abt Gregorius Diamare durchführte, sollte sich leider als richtig erweisen. Kein deutscher Wehrmachtsoldat befand sich im Kloster, nur der Abtbischof mit einigen Mönchen hielt tapfer Stellung. Bis auf die Krypta, das Grab des hl. Benedikt, von der wertvollen Figur im Klosterhof fehlte nur der Kopf, wurde alles dem Erdboden gleich gemacht. Der mehrstündige Bombenhagel 1944 verschonte auch die Flüchtlinge, die auf dem Klosterberg Zuflucht gesucht hatten, nicht. Am Jahrestag, dem 15.Februar 1945, wurde bereits der erste Kellenwurf für den Wiederaufbau getätigt. Was heute wieder erstrahlt, beruht auf dem ursprünglichen Plan und ist das Werk des Abtes Ildefons Rea, der nach dem Leitsatz verfahren ist: „wo es stand und wie es war“. Mitten im Konzil, 1964 konnte Papst Paul VI. im Beisein vieler Konzilsväter- und Äbte die Kirche neu einweihen. Es ist nur zu wünschen, dass auch benediktinisches Leben dort oben eine Zukunft haben. Ich habe ein Pater gefragt, wie viele Mönche augenblicklich dort seien. Mit sehr besorgter Miene meinte er „Padre , ché domanda!? – welche eine Frage stellen Sie?! – wir sind noch ein Dutzend!“

Noch einmal! Montecassino ist ein Wahrzeichen des unbeugsamen Lebens. Der Hl. Benedikt und sein hl. Berg ist nicht unterzukriegen. Ein mahnendes Zeichen auch für die Sinnlosigkeit des Krieges, aber auch des Mutes, des Vernunft und der Verantwortung mitten im Chaos Krieg.

Am Volkstrauertag rufen wir uns die Vergangenheit in Erinnerung, sie mag uns nachdenklich und dankbar machen. Gott schenke unserer Zeit, der ganzen Welt, was heute über der neu erstandenen Abtei am Eingangsportal in großen Lettern den Besucher mahnt:

PAX – Frieden!

XXX. Christkönigssonntag - König am Kreuz

Das „Logo" des Christentums, das Kreuz, reizt zum Widerspruch! Schon wieder: zum dritten Mal hintereinander ist das Kreuz am Schafreiter im Tölzer Land umgesägt worden. Der jüdische Historiker Michael Wolffsohn hat Kritik am Auftreten hochrangiger Kirchenvertreter in Jerusalem geübt, die am Tempelberg das Kreuz ablegen mussten. In einem Offenen Brief mit dem Titel „Wo bleibt der Bekennermut der deutschen Kirchenvertreter?" schreibt Wolffsohn: „Als Jude habe ich Ihre Haltung kritisiert, denn ebenso wie Sie Muslimen und Juden gegenüber Toleranz leben, dürfen Sie umgekehrt Toleranz von Muslimen und Juden Ihnen gegenüber erwarten. Jemanden tolerieren, bedeutet nicht Selbstaufgabe, sondern das Anders-Sein des Anderen zu akzeptieren." oder religiöser Vertreter" Israels beide dazu aufgefordert habe. Auch die Diskussion über Kreuze in Klassenzimmern flammt hierzulande immer wieder auf.

Was bedeutet für mich das Kreuz?

Welche Aussage würde ich machen, wenn mich jemand nach Sinn und Bedeutung des Kreuzes und gar des gekreuzigten Jesus befragt. Das Kreuz ist ambivalent! Es regt und regte zum Widerspruch oder zum Zuspruch. Im Grunde geht es uns doch nicht anders, als in der Szene aus dem Lukasevangelium, die wir soeben vernommen haben. Da hängt er nun. Da schauen sie auf den Durchbohrten am Kreuz – Sieger sehen anders aus! Könige sehen anders aus! Geradezu grotesk deswegen der „titulus crucis", den Pilatus hat anfertigen lassen – der heute noch in Santa Croce zu Rom zu sehen ist. „Jesus von Nazareth, König der Juden"!

Das reizt geradezu zum Spott der Menge. Die religiösen Führer, die Soldaten. Ein Delinquent verhöhnt, verlacht, verspottet; steht es nicht so geschrieben im Buch Deuteronomium – in der Thora? : ein von Gott Verfluchter ist der, der am Kreuz hängt! Das kann also der Messias nicht sein – niemals! Denn wenn er es ist, dann möge er helfen! So die Stimme eines Mitgekreuzigten. Nur einer wagt es, dagegen zu reden, entgegen zu glauben – einer, der nichts zu verlieren hat. „Denk an mich, wenn du in deiner Macht als König kommst!" Im apokryphen

Nikodemusevangelium wird uns sein Name verraten: Dismas! In der Göttlichen Liturgie des Johannes Chrisostomos wird sein Ausspruch „Jesus, denk an mich, wenn du in dein Reich kommst" vor der Austeilung der Kommunion dreimal vom Priester gesprochen. Er steht letztlich für alle, die gegen den Augenschein urteilen und glauben. Er sieht im Geringen, im Leid, im Ausgegrenzten in der Ohnmacht tatsächlich die Handschrift Gottes.

Diese Sichtweise des Gläubigen wird dann etwas später ausgerechnet der römische Hauptmann, der Centurio, der die politische Macht der Zeit repräsentiert, ausrufen: „wahrhaftig, dieser Mensch ist Gottes Sohn" (Mk 15,39). Macht und Ohnmacht! Wir Menschen schwimmen gern mit den Mächtigen. Sie kann gar berauschen und süchtig machen. Sie kann auch in der Kirche ihr Unwesen treiben. In unserer Zeit müssen wir wieder lernen, bescheiden zu werden. Ohnmacht auszuhalten – auch in der Kirche! Es ist auch der ohnmächtige Weg Gottes durch diese Zeit. „Gelebte Ohnmacht ist Dienst" sagt Pedro Arrupe, der ehemalige General der Jesuiten. Von der Heiligen Elisabeth von Thüringen, deren Fest wir heute feiern, wird erzählt, die habe entgegen den Gepflogenheiten des Mittelalters jedes Mal ihre Krone abgelegt, wenn sie eine Kirche betrat. Sie hatte eine Ahnung, wer in Wahrheit der König der Welt ist. Auch wir in der Kirche dürfen nicht vergessen, dass der Königstitel des Messias auf dem Kreuz angeheftet ist. Das sollen auch – nur nebenbei gesagt - die neu ernannten Kardinäle nicht vergessen. Ihr Rot erinnert an Blut und Martyrium, das der König der am Kreuz erlitten hat.

XXXI. ALLERHEILIGEN - Gefährten der Heiligen

Im Mittelpunkt des Christentums steht eine geschichtliche Person: Christus, Jesus v. Nazareth – ganz konkret! Er ist das Reich Gottes in Person: Keine abstrakte Größe, keine Philosophie, keine Weltanschauung ohne persönliche „Deckung" durch Ihn! Lebenseinsatz bis in letzte Konsequenz! So kann es auch bei der Kirche, seiner Gemeinschaft, seiner Gründung nicht anders sein: sie lebt nicht von klugen Konzepten und Papieren oder modern erscheinenden Schlagwörtern, sondern von Menschen aus Fleisch und Blut, die sich haben vom Glauben an Christus haben anstecken und überzeugen lassen.

Am Anfang stand ER, der Herr! So wie er am Ostermorgen am Ufer des Sees von Tiberias stand um die Apostel zu ermutigen, sich aufzumachen in die Welt hinein, um den Auferstandenen zu verkünden. Am Anfang steht ER! Ohne Christus keine Kirche, ohne Christus keine Heiligen, derer wir heute besonders gedenken. Und auch hier ganz konkrete Menschen, mit ihrer Lebens- und Glaubensgeschichte- geprägt von ihrer Zeit und ihre Zeit prägend! Nehmen wir nur die großen Ordensgründer zum Beispiel: Die Geschichte Europas ist nicht denk- und verstehbar ohne den Heiligen Benedikt und ohne den Heiligen Franziskus, ohne Ignatius, ohne die Ordensgründer/innen im 19. Jh. besonders mit ihrem sozialen Auftrag. (Vom Schulwesen bis hin zur Sorge für die Armen, Kranken, und Suchenden waren die Orden maßgebend!)

Heute an Allerheiligen schauen wir auf die klingenden Namen, aber in erster Linie – wie der Name schon sagt – an **alle** Heiligen, an die anonymen, an die unzähligen namenlosen Heiligen, die es je gegeben hat, die keinen Gedenktag, kein Fest im Kalender ihr eigen nennen können. An die vielen Märtyer in unserer Zeit, die für den Auferstanden Zeugnis gaben in unsern Tagen. Schon früh hat die Kirche die Heiligen verehrt! So berichtet die Gemeinde von Smyrna, dass man die Gebeine des Bischofs Polycarp, er im 2. Jh. der den Feuertod erlitten hatte, gesammelt habe, die „wertvoller sind, als kostbare Steine und unschätzbarer als Gold und setzten sie an geeignetem Orte bei, damit man dort alljährlich an seinem Todestage zusammenkommen."

Aber eben dieser Märtyrerbischof Polycarp verwies eindrücklich in seinen Predigten: „Christus beten wir an, weil er der Sohn Gottes ist....die Blutzeugen aber lieben wir als Jünger und Nachahmer des Herrn und wegen ihrer unvergleichlichen Hingabe an ihren König und Meister. Möchten doch auch wir ihre Gefährten und Mitschüler werden". Gefährtinnen und Gefährten – Mitschüler der Heiligen zu werden, heißt vor allem, unserer je eigenen Berufung zu folgen, an ihnen Vorbild nehmend, heißt zu fragen: was will Gott von mir? Bin ich bereit, den Weg zu gehen, den er mir zeigt? Rechne ich überhaupt damit, dass er mich anspricht?

Die Heiligen waren Hörende- Glaube kommt vom Hören! Gott gehörende und Gott gehorchende Menschen. Das macht den großen Unterschied aus: sie lassen sich nicht von der Welt sagen, was sie alles tun müssten, auch nicht von der Kirche, um glücklich zu sein. Sie gehorchen ihrem Gewissen, sie gehorchen Gott mehr als dem Menschen. Ist nicht gerade diese unglaubliche innere Freiheit – die freilich oftmals mit der äußeren Freiheit bezahlt wird- das faszinierende an den Heiligen Frauen und Männern?

Ein heiliger Johannes vom Kreuz, Zeitgenosse Theresas von Avila, wurde von seinen eigenen Mitbrüdern 9 Monate ins Klostergefängnis geworfen – ein für ihn furchtbare Zeit – aber im Rückblick für ihn eine Zeit, in der er zur Freiheit der Gotteskindschaft gelangt ist. Nehmen wir diesen Festtag zum Anlass, Gefährten der Heiligen zu werden, sie führen uns die Freiheit, sie führen uns zum Christus, der- wie es im großen Glaubensbekenntnis heißt, „mit dem Vater angebetet und verherrlicht wird".

XXXII. Predigt zum Paulus-Jahr (2009): ein unbequemer Apostel

An Paulus schieden sich schon zu seinen Lebzeiten die Geister! Kein Wunder: seine Lebensgeschichte ist geprägt von gärenden Spannungen und Brüchen. Sein Weg begann als Pharisäer, der es mit dem jüdischen Gesetz fast schon penetrant ernst nahm – so beschreibt er es selbst im Philipperbrief:

„Ich wurde am achten Tag beschnitten, bin aus dem Volk Israel, vom Stamm Benjamin, ein Hebräer von Hebräern, lebte als Pharisäer nach dem Gesetz, verfolgte voll Eifer die Kirche und war untadelig in der Gerechtigkeit, wie sie das Gesetz vorschreibt." (Phil 3,5-6)
Paulus wäre dies sicher auch geblieben, wenn ihn nicht jenes dramatische Widerfahrnis vor Damaskus aus der Bahn geworfen hätte.
Dreimal wird in der Apostelgeschichte von dieser Bekehrung und Berufung gesprochen. Der Evangelist Lukas stellt beharrlich diesen Saulus von Tarsus in seiner Apostelgeschichte seinen Zeitgenossen vor Augen!
Ja, an Paulus, wie man ihn latinisiert nennt, kam und kommt niemand vorbei! Man hat ihn ja zeitweise als den eigentlichen Begründer des Christentums bezeichnet, was er selbst sicherlich vehement zurückgewiesen hätte. Aber Paulus war durch das Erlebnis vor Damaskus so von diesem Jesus Christus ergriffen, dass er gar nicht mehr anders konnte, als sein künftiges Leben diesem Herrn und seiner Botschaft zu übereignen. Mit seinen Briefen, dem damals modernsten Medium also, hat er – auch ungewollt, die Grundlage für das Neue Testament gelegt, ohne selbst die Evangelien zu kennen, die die Lebensgeschichte des Jesu von Nazareth festhielten.

Recht viel gemeinsam hatten die beiden Zeitgenossen, die sich zu Lebzeiten des Herrn niemals gegenüberstanden, recht viel gemeinsam hatten sie nicht!
Jesus war ein Jude aus dem ländlichen Palästina, Zimmermann von Beruf, ein Sohn des Volkes, und er galt als Freund der Sünder, Zöllner und Dirnen. Sein öffentliches Wirken beschränkte sich auf Galiläa und wohl sehr kurz auf Jerusalem, der Hauptstadt. Saulus war ein Intellektueller aus der Diaspora, gebürtig aus Tarsus in Kilikien, ein Stadtmensch. Pharisäisch gebildet, in die Schule gegangen bei dem großen Rabbi Gamaliel in Jerusalem. Wie kommt es, dass Paulus vom Schicksal des Mannes aus Nazareth derart fasziniert wurde?

Die Antwort darauf muss man in jener blitzartigen Umkehr bei Damaskus suchen, von der schon die Rede war. Paulus ist zu seiner christlichen Überzeugung nicht durch fleißiges Studieren und auch nicht durch intensives Meditieren gekommen. Nicht aus eigener Anstrengung vielmehr – um es mit seinen eigenen Worten zu sagen: „aus Gnade bin ich, was ich bin"! Gerade weil er ein untadeliger Jude war, lehnte er den Glauben an einen Messias völlig ab, der gekreuzigt worden war! Die Vorstellung, der allmächtige Gott sollte etwas mit dem ans Kreuz genagelten Jesus zu tun haben, konnte ihm nur als ein lächerlicher, gefährlicher und umstürzlerischer Aberglaube erscheinen. Heißt es nicht schon im Buch Deuteronomium: „Einer, der am Holz hängt, ist ein von Gott Verfluchter" (Dtn 21,23).

Nein, das konnte und durfte nach seinem Denkmuster, das er mit vielen teilte, nicht der Gesalbte Gottes, der Sohn Gottes sein – das war nachgerade der Gegenbeweis.

Jesus war ein Gotteslästerer und seine Getreuen Lügner und Scharlatane, die es galt zu bestrafen und zu liquidieren. Er schreibt es selber an seine Freunde in Korinth was ihn damals, als er kein Christ war, bewegte: „Wir dagegen verkündigen Christus als den Gekreuzigten: für Juden ein empörendes Ärgernis, für Heiden eine Torheit, für die Berufenen aber, Juden wie Griechen, Christus, Gottes Kraft und Gottes Weisheit" (1 Kor 1,22).

Das ist der Hintergrund, warum Paulus versucht, die Kirche maßlos zu verfolgen, ihre Anhänger zu wie Wild zu jagen…dieser Irrglaube, der auf dem Boden den Judentum erwachsen ist, gilt es auszureißen – einen auferweckten Gekreuzigten gibt es nicht, darf es nicht geben! Kann man da nicht auch die Skepsis der ursprünglichen Apostel verstehen? Die Vorsicht, den Verfolger als Freund und Mitstreiter, ja als Mitapostel zu akzeptieren?

Noch einmal: die entscheidende Wende ist nur durch das Handeln Gottes an Paulus möglich und verstehbar! Der vom Judentum Abgefallene wird zum vehementesten Verkünder und übrigens erstem Schriftsteller der Auferweckung des Herrn.

Wie kein zweiter sorgte er dafür, dass diese Botschaft in der ganzen damaligen Welt verkündet werde – an ihm sie zur Wirklichkeit geworden: „Zuletzt von allen – als der Fehlgeburt gewissermaßen – gab er sich zu schauen mir“ –heißt es im 1. Korintherbrief, dem ältesten Osterbericht der Heiligen Schrift! Fortan bringt er zusammen, was vorher nicht zusammen zu bringen war: Tod und Auferstehung. „Der Messias starb für unsere Sünden – gemäß den Schriften, und begraben ward er, und auferweckt worden ist er am dritten Tag – gemäß den Schriften. Und zu schauen gab er sich dem Kephas, dann den Zwölf….“ (1 Kor 15,3).
Gestorben-begraben, auferstanden und erschienen – das ist das Urbekenntnis im Christentum, das sind die zentralen Aussagen, auf denen sein Glaube fortan basiert. Immer und immer wieder, in vielen Variationen gibt er dies zu verstehen, transportiert er es unermüdlich in alle Welt. Wäre Christus nicht auferstanden, wo wäre unser Glaube ein leerer Wahn!

Was würde Paulus sagen angesichts von Umfragen, die besagen, dass selbst viele getaufte Christen nicht mehr an die Auferstehung glauben?
Genau dies würde er sagen! Wenn Christus nicht auferstanden ist, dann ist unser Glaube sinnlos, wenn Jesu Leben nicht durch die Auferweckung von Gott bewahrheitet worden ist, dann ist er ein gescheiterter armseliger jüdischer Rabbi, dann ist er vielleicht ein besonders guter Mensch, aber nicht mehr. „Wenn wir also nur für dieses Leben auf den Messias gehofft haben, so sind wir erbarmenswerter dran als alle Menschen“ (1 Kor 15,19). Es liegt dann auf der Hand, dass

Paulus diese Wahrheit weiterdenkt. Was für Jesus gilt, gilt auch für unser Leben. Wenn Christus nicht auferstanden ist, dann werden auch wir nicht auferstehen. Wenn Jesu Leben im Nichts endet, endet auch unser Leben im Nichts.

Das genaue Gegenteil ist der Fall. Und es ist doch ein erhebender Moment in der Feier der Osternacht, wenn selbstverständlich als erster neutestamentlicher Text nach dem Gloria der Text aus dem Brief des Apostels Paulus an die Römer verlesen wird: „Wir alle, die wir auf Christus Jesus getauft wurden, sind auf seinen Tod getauft worden. Wir wurden mit ihm begraben … und wie Christus durch die Herrlichkeit des Vaters von den Toten auferweckt wurde, so sollen auch wir als neue Menschen leben“ (Röm 6,3-4). Das schreibt er allen Christen ins Stammbuch!

Wir könnten sicher sein, dass Paulus hier auch nicht gerade zimperlich wäre. Seine Kritik trifft, wie man im Galaterbrief und dem 2. Korintherbrief lesen kann, Prediger, die ein anderes Evangelium als das

Evangelium Gottes. Manche wollten offensichtlich die alte Ordnung, das alte Trennungsdenken wieder herstellen. Nein, für Paulus steht die Tatsache fest, dass das Band der Einheit, der Würde für jeden Menschen ein Geschenk des Glaubens, ein Geschenk Gottes ist. Es darf nicht mehr der alte Graben zwischen Juden und Griechen, zwischen Mann und Frau, zwischen Freien und Sklaven geben!

Höchst beachtenswert ist auch die Auseinandersetzung mit dem Apostel Petrus! Im Galaterbrief wird sie unter dem Stichwort „Apostelkonzil in Jerusalem“ beschrieben. Worum ging es zwischen den beiden? Petrus vertritt die ganze jüdische Fraktion, Paulus die Heidenchristen. Wie sollte man handeln? Müssen die Heiden, bevor sie Christen werden, zunächst Juden werden? Müssen sie beschnitten werden, müssen sie die Reinheits-und Speisevorschriften der Thora einhalten? Es ist ein erster tiefgehender Konflikt, der sich hier auftut! Man einigt sich zunächst friedlich in der Erkenntnis, die in der Aufteilung der Dienste der beiden Apostel mündete: Petrus für die Beschnittenen, Paulus für die Unbeschnittenen. Doch einige Zeit später kam es zu jener Auseinandersetzung, zu jenem dramatischen Streit, der im Galaterbrief beschrieben wird. Nach anfänglichen Zugeständnissen des Petrus, zieht er sich von der schon hergestellten Tischgemeinschaft mit den Heiden – wohl auf Druck strenger Judenchristen – in Antiochia zurück. Das war für Paulus zu viel!

Paulus hatte vor versammelter Öffentlichkeit Petrus und die, die ihm folgten, der feigen Heuchelei und des Verrats gegenüber der „Wahrheit des Evangeliums" bezichtigt. „Wenn du als Jude nach Art der Heiden und nicht nach Art der Juden lebst, wie kannst du dann die Heiden zwingen, wie Juden zu leben?" (Gal 2,11).

Nicht das fromme Einhalten der Gesetze – hier der jüdischen – macht uns vor Gott gerecht, nicht die Werke sondern einzig und allein der Glaube an Jesus Christus! Immer und immer wieder geht es Paulus darum – es ist ja seine Erfahrung- dass Gott gerade ihn, den Unmöglichen zum Apostel berufen hat. Die große Erkenntnis übrigens, die auch Martin Luther bewegte, die ihm eine Antwort auf seine bohrende Frage war: Wie bekomme ich einen gerechten Gott? Nicht Leistung, nicht moralische Höchstform, nicht die Menge der frommen Übungen ist das Entscheidende! Die voraussetzungslose und bedingungslose Liebe Gottes allein, kann uns rechtfertigen. Nur in der Freiheit, die Gott uns anbietet, kann der Mensch aus sich heraus auch Gott lieben, ihn suchen und finden.

Vieles verdanken wir diesem großen Apostel. Paulus darf nicht nur in seinem Jahr zur Geltung kommen, es ist aber ein Anlass, sich mit ihm noch intensiver zu beschäftigen, er ist ein guter, manchmal ein unbequemer Begleiter hin zu Jesus Christus.

XXXIII. Predigt im Priesterseminar (3.12., Hl. Franz-Xaver)

In der Einleitung zu seinem Brief* an Euch, liebe Seminaristen, schildert Papst Benedikt die Begegnung zu Beginn seiner Soldatenzeit 1944 mit einem Vorgesetzten, der jeden einzelnen nach seinem Berufsziel fragte. „Ich antwortete" - so der Heilige Vater- „ich wolle katholischer Priester werden. Darauf der Leutnant: Da müssen Sie sich etwas anderes suchen. Im neuen Deutschland werden Priester nicht mehr gebraucht." Dieses sogenannte „Neue Deutschland" ist gottlob ganz anders gekommen, als jener Soldat es prophezeit hat. Vielleicht kommt uns dabei das Wort Chesterton´s in den Sinn, der einmal meinte: „Zu allen Zeiten sei der Glaube allem Anschein nach vor die Hunde gegangen. Doch stets war es der Hund, der starb."

Indes stellen sich heute nicht wenige dieselbe Frage: werden wir Priester künftig noch gebraucht? Auf welche Zukunft gehen wir zu und auf welche bereitet ihr euch vor, liebe Seminaristen?

Ich bin der Meinung – gerade weil die Zeit, die Welt so ist, wie sie ist, braucht sie den Priester, der durch seine Existenz, durch seinen Auftrag aber v.a. durch sein Leben gegen das Gottvergessen dieser Zeit steht. Der die Menschen an ihren Ursprung und ihr Ziel erinnert. Wir können damit nicht warten, bis die angeblich schwierigen Zeiten sich geändert haben, bis wir wieder günstigere Voraussetzungen für die Verkündigung des Evangeliums vorfinden. „Weh mir, wenn ich das Evangelium nicht verkündige…!" Sagt der Hl. Paulus in der Lesung. Die Epoche in der Franz Xaver angetreten ist, stand keineswegs unter einem günstigen Stern. Der Flächenbrand der Reformation, neue Welten, fremde Kulturen, die alte Welt des Mittelalters war befand sich endgültig in Auflösung.

Gerade das ist der Acker für Ignatius und seine Gefährten: Diese siebenköpfige Gründungsmannschaft vom Montmartre - darunter auch Franz Xaver nimmt alle Unberechenbarkeit und Herausforderung der Zeit wahr und tritt- nur mit der Versicherung ihres Glaubens - dem an, dem Anspruch des Evangeliums zu folgen. Franz Xaver wird nach Ostindien, nach Japan geschickt, beim Versuch, nach China das Evangelium zu bringen stirbt er. Dieser Jesuit der ersten Stunde avanciert dabei zum vorbildlichen Missionar schlechthin. Mit großer Bescheidenheit und Demut tut er seinen Dienst.

„Wir alle, die wir hier in Japan sind, haben geglaubt, ***wir*** seien es, die Gott einen Dienst erweisen... doch in seiner Güter lässt uns der Herr erkennen..., dass ER es ist, der uns seine Gnade erweist..." Franz Xaver bleibt selbst ein Lernender, Suchender und Liebender, eingedenk der Wahrheit, dass Gott immer schon dem Missionar vorausgeht. Und er stellt dankbar fest, dass er selbst es ist, der beschenkt wird. Die Hingabe an den einmal angenommen Auftrag, die Liebe zu den Menschen ist dafür allerdings die Voraussetzung!

Der Jesuitenpater Rupert Mayer, Apostel Münchens, beschreibt es in seiner Art schlicht und unmissverständlich: „...den Menschen muss in unserer Nähe wohl sein, und sie müssen fühlen, dass der Grund dazu in unserer Verbindung zu Gott liegt." Somit beginnt aber auch die Mission bei uns selbst! Täglich neu gilt es, uns auszurichten auf den Herrn – das ist auch eine adventliche Übung! Dies alles verkörpert unser Tagesheiliger!

In diesem Sinne ermutigt uns Papst Benedikt im oben genannten Brief: „Gott ...braucht Menschen, die für ihn da sind und die ihn zu den Menschen bringen. Ja, es hat Sinn, Priester zu werden. Die Welt braucht Priester, Hirten, heute, morgen und immer, solange die besteht."

* Brief Papst Benedikt XVI. an die Seminaristen, 2010

XXXIV. Heiliger Zeno (12.4.)- im Münster St. Zeno, Bad Reichenhall

Immer wieder stellen wir die Frage: wie geht es weiter mit der Kirche, dem Glauben – schaffen wir es, den Glauben, den unsere Väter und

Mütter durch die Geschichte hindurch an die jeweils nächste Generation weitergeben haben bis heute, schaffen w i r es, den Glauben weiterzugeben an die nächste Generation? Ängste, Befürchtungen, düstere Ahnungen begleiten dabei viele.

Auch in unserer Diözese kommt man dabei nicht herum: Reduzierung der Pfarreien ist momentan das Stichwort mit vielen Fragezeichen – wie wird das gehen, in welche Zukunft gehen wir? Angst aber ist eine schlechte Ratgeberin! Wenn wir heute unser Patrozinium feiern, dann können wir ja weit in die Geschichte zurückschauen – und die Geschichte des Glaubens lehrt uns auch dies: Heile Welt, ein Glaubensleben ohne Anfechtung und Herausforderungen hat es nie gegeben.

Als der Hl. Zeno im 4. Jahrhundert Bischof von Verona war, war das Christentum gerade ein paar Jahrzehnte aus der Verfolgungszeit hervorgegangen. Das Römische Weltreich aber ging langsam aber unaufhaltsam seinem Ende entgegen. Für die frühe Kirche eine große Herausforderung: es kamen andere Völkerschaften über die Alpen in Richtung Rom um das Land zu beherrschen. Zeno musste gegen heidnische Horden ebenso wie auch innerkirchlich gegen die erste große Irrlehre der alten Kirche kämpfen: Im Arianismus war eine starke christliche Sekte zugange, die das wahre Wesen Jesu Christi verdunkelten.

Hunger, Überschwemmungen und mehr forderten gleichermaßen die Glaubenden jener fernen Zeit heraus. Ist es Zufall, dass gerade eine bairische Adlige gut zweihundert Jahre später dieser arianischen Häresie bei ihrem eigenen Mann, dem Langobardenkönig, und ihrem Volk ein Ende setzen konnte? Es war die erste heilige Frau aus einem bayerischen Geschlecht, die Königin der Langobarden: Theodolinde aus dem Haus der Agilolfinger. Sie war es auch, die als große Verehrerin des Hl. Zeno von Verona – der königlichen Residenz der Langobarden, in der sie heiratete, unseren Kirchenpatron wohl nach Bayern brachte. Er wurde zum Hausheiligen der Langobarden und der frühen Bayern, die ihre Residenzen in Regensburg und Isen hatte.

Immer schon gehörten die Salinen in Reichenhall von den Römern angefangen den jeweiligen staatlichen Herrschern. Als es um das Patrozinium einer neu zu bauenden Kirche ging, lag es nahe, den Namen des berühmten Heiligen von Verona dafür zu verwenden. Der Hl. Zeno galt ja insbesondere als ein Patron gegen Hochwasser – damals hier vor Ort an der damals unberechenbaren Saalach offenbar eine häufige Plage.

Die Heiligen, der Glaube war das einzige was Bestand, Sicherheit und Geborgenheit in einer unsicheren Welt schenkte. Freilich die Zeiten kann man nicht vergleichen und dennoch: erleben wir nicht auch unsichere Zeiten. Ob der Wohlstand erhalten werden kann? Wie es weitergeht mit den natürlichen Ressourcen? Welche Rolle wird der Islam in unserm Land spielen? Das Patrozinium unseres Kirchenpatrons ist immer auch eine Besinnung auf unsere Wurzeln, auf die Kraft des Glaubens, auf Gottes Führung. Die Prozession, in der wir die Reliquien des Hl. Zeno und sein Bildnis mitführen, verweist uns auf die große Pilgerschaft der Jahrhunderte in der Kirche an. Ja, wie stehen in der Pilgerschaft des Evangeliums. Wir gehen denen nach, die Christus nachgefolgt sind. Wir schauen mit dem Hl. Zeno auf das Kreuz, auf den Herren und gehen immer wieder neu gestärkt aus der Feier der Hl. Eucharistie mit der ganzen Kirche vertrauensvoll dem Ziel unserer Pilgerschaft entgegen.

XXXV. Landfrauentag – „Frauenpower“

„Frauen im Vatikan“? Und ob! 15 % der vatikanischen Angestellten sind Frauen. Im Staat des Papstes führen sie nicht lediglich die niederen Dienste aus. Als Archäologin, Archivarin, Bibliothekarin, Historikerin und Juristin, ja sogar als Theologische Beraterin bei Papst Benedikt XVI. werden sie geschätzt. Dabei gilt tatsächlich im Vatikan das Prinzip: gleicher Lohn für gleiche Arbeit – ein Unikum in Europa, so Gudrun Sailer, die Autorin des gleichnamigen Buches. Ohne Frauen würde hier überhaupt nichts mehr funktionieren.

Analog zu Ihrem heutigen Nachmittagsthema „ohne Frauen kein Land" – kann man durchaus behaupten: Ohne Frauen keine Kirche! Kinder-Küche-Kirche war früher eine Selbstverständlichkeit. Heute nicht mehr! Keine Kinder – Kalte Küche – Kritik an der Kirche. Man hat den Eindruck, viele machen es den Männern nach: Leistung, Geld verdienen, Macht, Einfluss. Bleibt dabei nicht viel auf der Strecke? Die fraulichen Eigenschaften: Einfühlung, Hingabe, Fürsorge. Benedikt XVI. verweist auf Maria. Sie zeichnet sich aus durch die Fähigkeit zum Hören, das Wort Gottes aufzunehmen, erwarten zu können, Gott empfangen zu können. Eigenschaften, die für jeden Christen prägend sein sollten, die aber doch die Frau mit besonderer Intensität und Natürlichkeit lebe. Dass Gottes Sohn eben nicht durch die Macht des Mannes in die Welt kommt, sondern durch eine Frau, durch Maria – dass also ohne eine Frau nichts geht in Sachen Erlösung wird einmal mehr deutlich!

Dabei ist Maria zwar die bedeutendste Frau aber nicht die einzige, die für die Menschwerdung des Gottessohnes wegbereitend ist! Man lese nur einmal den Stammbaum Jesu im Matthäusevangelium – hier wimmelt es auf den ersten Blick zwar vor lauter Männer. Allein vier Frauen werden erwähnt – Frauen, die eine nicht geringe Rolle im Alten Testament spielen. Alle vier sind aber keineswegs fromme Betschwestern! Ihnen haftet allen etwas Tragisches, etwas Unorthodoxes zuweilen Unmoralisches an. Da nennt Matthäus die Rahab, die stadtbekannte Dirne von Jericho, eine Frau die den Feinden Israels angehört und dem Volk Israel zur Eroberung Jerichos ermutigt. Rahab wird zur Mutter des Boas und damit eine Ahnfrau des davidischen Königreiches, eine Ahnfrau des Messias. Die Frau des erwähnten Boas Ruth wird als nächste erwähnt! Auch sie eine Heidin.

Auch das zeigt: der Zugang zum Heil ist von nichts anderem abhängig, als vom Glauben, den Ruht beispielhaft lebt. Auch Tamar wird aufgelistet, die Witwe, die ihren eigenen Schwiegervater wohlüberlegt zu geschlechtlicher Vereinigung mit ihr verleitet, um der Schande der Kinderlosigkeit zu verhelfen. Schlussendlich ist es Batseba, die im Stammbaum Jesu den Fortgang bestimmt. Sie ist ein „Gspusi" des Königs David. Sie begeht Ehebruch, wird von David schwanger. Und als der Soldat und Ehemann der Batseba ausflippt, da versetzt ihn David kurzerhand an die gefährlichste Kriegsfront gegen die Ammoniter und tatsächlich stirbt der arme Urija. Tragischer Weise stirbt auch das Kind dieser Affäre; aber der zweite Sohn ist der berühmte spätere König Salomon. Nur zu deutlich bestätigt sich an diesen Beispielen die Weisheit: Gott kann auch auf krummen Zeilen gerade schreiben. Gottes Wege können letztlich nicht durch die menschlichen Abgründe auf immer unpassierbar bleiben. Er findet immer einen Weg zum Menschen!

Ähnliche Beispiele ließen sich aus dem Neuen Testament anführen: Die Sünderinnen und Dirnen, sind ja buchstäblich bevorzugte Adressaten von Jesu Handeln und Wirken. Gerade Jesu ist es – der entgegen der Strömung seiner Zeit – sich den Frauen zuwendet, die andere verstoßen würden! Immer wieder sind es auch die Heiligen Frauen, die ihren Glauben verteidigen müssen gegen die Gewalt so mancher Männer.

Unsere Tagesheilige, die heilige Agatha, ist ein sprechendes Beispiel: In der schwarzen Stadt Siziliens, in Catania hat sie im 3. Jh. Gelebt: Der Legende nach verweigerte sie sich der Brautwerbung des röm. Stadthalters, der sie daraufhin festnehmen und foltern ließ, im Gefängnis starb sie, nachdem man ihr die Brüste abgeschnitten hatte. Am Jahrestag ihres Todes blieb sie Stadt verschont vom Lavastrom des Ätnas. Ihre Verehrung setzte ein. Sie nimmt heutzutage in Catania bizarre Züge an, wenn in den Bars auf ganz Sizilien die „Agatha-Brüste", süße Leckereien, feilgeboten werden.

Es bleibt aber festzuhalten, dass die Kirchengeschichte immer solche mutigen Frauen hervorgebracht hat, deren Glaube die Menschen angespornt hat – zu allen Zeiten! Ohne Frauen keine Kirche! Sie sind auch heute nötiger denn je! Wie soll sie Glaubensweitergabe erfolgen wenn nicht durch die Mütter? Sie sind doch die ersten Religionslehrer, die das Beten lehren. Sie sind die ersten Priester, die die Kinder segnen. Das ist nicht nur eine Feststellung, dass es ohne Frauen keine Zukunft des Glaubens gibt – das ist eine Herausforderung und ein Auftrag gleichermaßen und dringlicher denn je!

MIX
Papier aus verantwortungsvollen Quellen
Paper from responsible sources
FSC® C105338

FSC
www.fsc.org

Printed by Books on Demand GmbH, Norderstedt / Germany